アクティブ・ラーニングを位置づけた中学校社会科の授業プラン

小原 友行 編著

明治図書

はじめに
Introduction

　「アクティブ・ラーニング」は，現在改訂作業が進行中の新しい教育課程の特色の一つとして注目されているものです。その概念としては，平成27年8月26日に教育課程企画特別部会がまとめた「論点整理」では，「課題の発見と解決に向けて主体的・協働的に学ぶ学習」と定義されています。では，具体的に中学校社会科の場合，どのような学習が求められるのでしょうか。過去の実践例から考えてみましょう。

　戦後初期の中学校社会科の代表的な教育実践に，山形県山元村において無着成恭教諭によって行われた「山びこ学校」があります。「アクティブ・ラーニング」の原像は，この実践の中に見て取ることができるのではないでしょうか。「山びこ学校」から生まれた江口江一君の「母の死とその後」の作文では，「あんなに働いても，なぜ，暮らしがらくにならなかったのだろう」「どうしたら生活の苦しさから抜け出せるのか」という問題を生徒自身が見つけ，その解決策を仲間と深く考えていく姿が生活綴方に表現されています。このような貧困からの脱出という問題は，当時の子どもたちにとって切実な問題であっただけでなく，日本社会の課題でもありました。当時の生徒会長だった佐藤藤三郎君は，この実践を振り返りながら，無着先生の教えは，「なんでも何故？　と考えろ」「いつでも，もっといい方法はないか探せ」ということだったと答辞で述べています（無着成恭編『山びこ学校』青銅社，1951）。このような実践は，アクティブ・ラーニング型社会科の典型例と考えることができるのではないでしょうか。

　もう一つ紹介したいのは，最近の東日本大震災地域にある宮城県女川町立第一中学校（現・女川中学校）での教育実践です。入学直前の2011年3月11日，東日本大震災の津波被害に遭遇した生徒たちは，入学直後の最初の地理授業において，当時の阿部一彦教諭から「愛するふるさとが，大震災で大変なことになった。『社会科として何ができるか』小学校で学んだことを生かして，考えてみよう」と問題提起されました。生徒たちは，クラスの仲間と共に考えていきます。そして，考えに考え抜いた結果として，「互いの絆を深める」，「高台へ避難できる町づくり」，大震災の出来事を「記録に残す」の3つの提案にまとめます。そして，記録に残すために，「いのちの石碑」づくりプロジェクトを展開します（「朝日新聞デジタル：女川中学生の訴え」より）。また，高校生になった今も，「いのちの教科書」づくりの活動を続けています（「朝日新聞デジタル：女川中学生の訴え」より）。未曽有の大震災を乗り越えて故郷を創生するためにはどうしたらよいかを考え合う取り組みは，現代のアクティブ・ラーニング型社会科学習と考えることができるのではないでしょうか。

　これら2つの実践に共通しているものは，次の3点ではないでしょうか。第1は，社会の現実や課題に対して，「なぜ，どうして」「どうしたらよいか，どの解決策がより望ましいか」という問いを生徒自身が発見していることです。第2は，問題の解決策をクラスの仲間同士で深

く協働的に考え合うものとなっていることです。それは，正解のない問題の解決策を求めて，生徒たちが多様な意見や考えを出し合い，議論する学習でもあります。そして第3は，解決策を考えるだけにとどまらず，よりよい社会の実現に向けた社会参画の実践や行動に結びつけているということです。

　では，どうしたらこのようなアクティブな社会科学習を構想し，実践することができるのでしょうか。主権者教育が求められている今日，この問題を考えていくことは，これからの社会科授業開発の重要な実践的課題の一つであるととらえることができます。

　このような問題意識から，本書の第1章では，「アクティブ・ラーニング」を取り入れた中学校社会科の授業デザインの基本的な考え方を提案しました。

　続く第2章では，授業デザインの基本的な考え方を大きな枠組みとして，地理的分野・歴史的分野・公民的分野の中から，「アクティブ・ラーニング」型の学習例としてそれぞれ9つの小単元を取り上げて，新進気鋭の若手教員やその候補生の皆さんを中心に人選を行い，授業プランを作成してもらいました。特に本書では，社会科独自のねらいである「社会認識と市民的資質」を統一的に育成する学習方法論の視点から，A「社会認識の形成をより重視した学習方法（「なぜ，どうして」の思考型）」として「体験・追体験型」「調査・研究型」，B「市民的資質の育成をより重視した学習方法（「どうしたらよいか，どの解決策がより望ましいか」の判断型）」として「討論・ディベート型」「企画・提案型」「問題解決・プロジェクト型」，C「AとBの両方の学習成果の発信を重視した学習方法」として「セミナー・ワークショップ型」「総合的表現活動型」の全体で7種類の学習活動を取り出し，各小単元の中に適切なものを取り入れてもらいました。したがって，作成されたすべての小単元が実践をふまえたものばかりではありませんし，机上のプランにとどまっているものもあると思いますが，大胆な発想による授業づくりへのチャレンジ精神を感じてもらえれば幸いです。

　そして第3章では，評価を専門に研究している若手研究者から，アクティブ・ラーニングを位置づけた社会科授業の多様な評価方法を紹介してもらいました。指導と評価は本来一体のものですので，評価が変わらなければ「アクティブ・ラーニング」型の学習も定着しないと思われます。本稿が中学校社会科の指導と評価の改善につながることを期待しております。

　以上のような特色をもつ本書が，全国各地の社会科教師の皆様に活用され，中学校社会科の究極目標となっている「平和で民主的な国家・社会の形成者として必要な公民的資質の基礎を養う」独創的な授業プラン開発のための参考文献の一つとなりますことを大いに期待しております。また，そのことを通して，多くの中学生が主権者としてたくましく成長してくれることを願っております。

　最後になりましたが，本書出版の機会を与えていただいた明治図書ならびに，きめ細かい助言をいただきました及川誠氏に心よりのお礼を申し上げます。

2016年6月　　　　　　　　　　　　　　　　　　　　　　　　　　小原　友行

もくじ
Contents

はじめに

第1章 アクティブ・ラーニングを位置づけた中学校社会科の授業づくり

1 アクティブ・ラーニングとは何か 8

2 中学校社会科におけるアクティブ・ラーニングの位置づけ 10

3 本書におけるアクティブ・ラーニングのとらえ 12

第2章 アクティブ・ラーニングを位置づけた中学校社会科の授業プラン

〈地理的分野〉
身近な地域のよさや課題を発見するツアープランを提案しよう！ 14
（地理／身近な地域の地域性と課題を考える）

統計から考えるアジアと日本とのよりよいつながり 18
（地理／アジアと日本との関係を考える）

様々な立場から経済発展と環境保護の対立を考えよう！ 22
（地理／ブラジルの熱帯雨林開発の是非を考える）

アフリカの自立のための援助として，どの解決策が望ましいか判断しよう 26
（地理／アフリカの未来を考える）

世界の貧困と自分とのかかわりを考えよう 30
（地理／南北問題・南南問題を考える）

グローバル企業が変えたもの〜1セットの家具から見る社会のグローバル化〜 34
（地理／日本社会のグローバル化を考える）

日本における脱石油社会の実現は可能か，考えよう！ 38
（地理／日本の資源・エネルギー問題を考える）

エネルギー消費社会の在り方を考えよう 42
（地理／原発問題を考える）

20年後の東広島市を予想しよう 46
（地理／持続可能な社会を目指して）

〈歴史的分野〉

地域の魅力・課題を見つめ，将来を提案させる地域教材 50
（歴史／地域の歴史から考える）

トゥールミン図式を活用して言葉に結びつく意味や意図を説明しよう 54
（歴史／武家政治の始まりを考える）

キリスト教伝来とヨーロッパとの貿易開始の背景とは？〜資料を選びとり，組み合わせる力〜 58
（歴史／ヨーロッパと日本の出会いを考える）

なぜ江戸時代の三大改革は成功しなかったのだろうか？ 62
（歴史／江戸の三大改革から考える）

論争問題で社会的事象を多面的・多角的にとらえる！ 66
（歴史／開国か攘夷か（論争問題）を考える）

陸奥宗光に完全な条約改正を可能にする案を提案しよう 70
（歴史／明治の条約改正交渉を考える）

明治憲法を通して立憲主義を考えよう 74
（歴史／歴史の中の天皇機関説を考える）

当時の文化を史料として戦後の民主化を読み取ろう 78
（歴史／戦後の改革を考える）

伊達政宗の城下町づくりから災害への向き合い方を考えよう！ 82
（歴史／よりよい未来に向けて災害の歴史から考える）

〈公民的分野〉

代理出産は認めるべき？〜合意づくりにチャレンジしよう〜 86
（公民／現代社会の特質を考える）

マイナス金利って何？〜ディベートと社説作成を通じて〜 90
（公民／現代社会の課題を考える）

民主政治と政治参加〜課題発見・解決学習の導入として〜 94
（公民／選挙制度について考える）

二院制の実際と本質からよりよい立法府の姿を考えよう 98
（公民／二院制を考える）

地域が抱える問題を解決するための地域間連携を考えよう 102
（公民／地方自治を考える（政策を提案しよう））

ブラック企業に負けない，ブラック企業から身を守る力を育てる授業プラン 106
（公民／ブラック企業を考える）

自由貿易協定参加への賛成・反対を討論しよう 110
（公民／グローバル化社会の課題を考える）

消費者にとって安全・安心な社会を築くことは難しい？ 114
（公民／消費者主権を考える）

ロールプレイを活用した協働的問題解決学習 118
（公民／よりよい社会を目指した地域の再生を考える）

第3章 アクティブ・ラーニングを位置づけた 中学校社会科の授業の評価

1 アクティブ・ラーニングの推進を受けて 124

2 アクティブ・ラーニングにおける評価のストラテジー 124

3 アクティブ・ラーニングにおける評価の実際 126

4 学習や評価の組織に向けて 133

第1章

アクティブ・ラーニングを位置づけた中学校社会科の授業づくり

1

1 アクティブ・ラーニングとは何か

❶アクティブ・ラーニングの概念規定

　「アクティブ・ラーニング」とは，直訳すれば，「能動的学習」「積極的学習」「主体的学習」というイメージでとらえられますが，平成27年8月26日に教育課程企画特別部会がまとめた「論点整理」では，「課題の発見と解決に向けて主体的・協働的に学ぶ学習」と定義されています。しかし，この定義は一般的すぎるので，ここでは，具体的に中学校社会科の場合，どのような学習が求められるのかという視点から，とらえ直してみます。

　中学校社会科における「アクティブ・ラーニング」とは，生徒自身が主体的に発見あるいは選択した現代社会の課題や問題を取り上げ，意見や考えの異なる他者と協働しながら，それらの原因や解決策を考えながら，よりよい未来社会の実現を目指して行われる学習と定義しておきます。

❷アクティブ・ラーニング重視の背景

　では，「アクティブ・ラーニング」が今，なぜ重視されているのでしょうか。その理由としては，大きく次の3点を指摘することができます。

　第1は，社会的要請です。急速に進展しているグローバル社会の中で，意見や考えの異なる他者と協働しながら主体的に生き抜いていくためには，そのために必要な資質・能力を学校教育の場で育てておくことが求められます。例えば，次の6つの「C」は重要な力と考えられます。「Communication」「Collaboration」「Critical Thinking」「Creation」「Challenge」「Choice」。これらの資質・能力は，実際にそのような活動を経験することによってのみ習熟していくことが可能になります。このことが，重視される背景の一つと考えることができます。

　第2は，学校教育の目標の実現からの要請です。「平和で民主的な国家及び社会の形成者」の育成は，教育基本法の第1条に掲げられている日本の教育の目的であるとともに，第5条第2項に示された義務教育の目的でもあります。また，それは中学校社会科の究極目標となっているものです。その意味では，社会科は学校教育の中心教科と呼ぶこともできます。このような平和で民主的な市民に求められる資質を育成するためには，そのような学習方法で学んでいくことが求められます。そのためにも，「アクティブ・ラーニング」は必要不可欠なものと考

えられます。

　そして第3は，学習の主体である生徒からの要請です。学校教育の場においては，生徒は教室という社会的な学習環境の中での主体的な学習を求めています。しかし，現実の教室では，時間数の限界もあり，教師主導の受動的な学習が一般的です。生徒が求める「アクティブ・ラーニング」によって，このような限界を克服することは大きな実践的課題と考えられます。

❸アクティブ・ラーニングのアイデンティティ

　では，社会科学習において，これがなければ「アクティブ・ラーニング」とは呼べないもの，すなわちアイデンティティとは何でしょうか。ここでは，「市民性教育としての学習」「目標の全体性を保証する学習」「学習の主体性を保証する学習」の3つの視点から，その特質を抽出しておきます。

　第1は，社会認識をとおして市民的資質を育成することを目指して行われる学習であることです。過去・現在の社会の問題や課題の認識に基づいてよりよい未来社会を考えていくような，市民性教育としての社会科学習であることが必要です。換言すれば，平和で民主的な社会の形成者として，自己の生き方を主体的に選択していくことができるような学習となっていることが求められます。

　第2は，目標の全体性を保証する学習であることです。具体的には，知識・理解目標，技能・能力目標，態度目標を統一的に育成するような学習となっていることが重要です。特に「アクティブ・ラーニング」では，「学んだ力」である基礎的・基本的な知識・理解や資料活用の技能の習得だけでなく，「学ぶ力」である思考力・判断力・表現力や，「学ぼうとする力」と考えられる関心・意欲・態度の育成をより重視した学習が求められると考えられます。学校教育法第30条第2項において，「生涯にわたり学習する基盤が培われるよう，基礎的な知識及び技能を習得させるとともに，これらを活用して課題を解決するために必要な思考力，判断力，表現力その他の能力をはぐくみ，主体的に学習に取り組む態度を養うことに，特に意を用いなければならない」と示されているように，知識・理解や技能だけの習得を図る授業や，態度形成のみを目標とする学習は，「アクティブ・ラーニング」とは呼べないものではないでしょうか。

　第3は，学習の主体性を保証する学習であることです。具体的には，生徒が主体的・協働的な活動をとおして学び合っていくような学習となっていることが必要であると考えられます。そのような学習となるためにも，学校・学級の社会的関係の中で生徒同士が協働的に学び合っていくような学習形態の工夫や，生徒自身が変化する社会の現実と対面しかかわっていくような学習活動を重視することが，「アクティブ・ラーニング」では必要となります。なお，ここでは，「協働的」の意味を，意見や考えの異なる3つの他者（「自分自身」「教室内外の仲間」「関係する専門家」）との議論や対話をとおして学ぶこととととらえておきます。

2 ┃ 中学校社会科における アクティブ・ラーニングの位置づけ

❶目標の構造化

　ここでは，「アクティブ・ラーニング」を基本として，単元レベルの中学校社会科の授業デザインを考えていきます。その際の課題の第1は，学習内容となる単元レベルの到達目標を構造化しておくことだと考えます。「関心・意欲・態度」「思考力・判断力・表現力」「技能」「知識・理解」という観点別目標のつながりを考えておくことです。

　授業の中で生徒が探究する主要な3つの問い（「どのように，どのような」「なぜ，どうして」「どうしたらよいか，どの解決策がより望ましいか」）に着目すれば，中学校社会科の4観点別目標の相互関連は，次のように図式化することができます。

観点別目標の構造化（小原作成）

内容的目標 方法的目標			社会的事象 情　報	社会を知る 知　識	社会がわかる 理　解	社会をつくる 関心・意欲・態度
関心・意欲・態度	技　能	表現力	「どのように，どのような」			
	思考力		「なぜ，どうして」			
	判断力		「どうしたらよいか，どの解決策がより望ましいか」			

　1単元の中での「アクティブ・ラーニング」では，「どのように，どのような」「なぜ，どうして」「どうしたらよいか，どの解決策がより望ましいか」を生徒自身が発見し，それを協働的に探究していくような授業デザインが求められます。

❷学習材の開発

　授業デザインの課題の第2は，学習内容を習得するための事例（素材）である学習材を開発することです。授業の中で生徒が主体的に思考・判断する「なぜ，どうして」「どうしたらよ

いか，どの解決策がより望ましいか」という問いが生まれるようなものを開発することが必要となります。具体的には，「アクティブ・ラーニング」型授業を成立させる学習材としては，次の３つのものが有効であると考えられます。

◎**社会的変化型**……社会の変化に伴う地域や時代の課題（願い）を解決（実現）していった（しようとしている）人間の問題解決の知恵など

◎**社会的課題型**……国際化・情報化・環境悪化・少子高齢化・共存共生・持続可能性といった今日的な課題など

◎**論争問題型**……価値観や世界観の違いによって判断の分かれる社会的論争問題や「開国か攘夷か」といった歴史的論争問題など

なぜなら，生徒はこのような学習材に出会うことによって，情報を取り出す「どのように，どのような」，背景を思考する「なぜ，どうして」，課題や問題に対する判断を行う「どうしたらよいか，どの解決策がより望ましいか」といった問いを発見しやすくなるからです。

❸学習過程の組織

授業デザインの課題の第３は，学習過程の組織です。アクティブな学習となるためには，次のような単元レベルの協働的な学習過程の組織が必要になると考えます。

◎**導入部（発見）**

学習問題の発見の過程である単元の導入部では，生徒が学習問題を自分自身の問題として発見していくことができるようになるために，学習材との出会わせ方を工夫することが必要です。また，どうしたら学習問題を解決することができるのかを考える，学習方法の話し合いや学習計画の立案を行うことが必要です。

◎**展開部（探究）**

学習問題の探究の過程である展開部では，社会を知るための資料の調査・収集，資料に基づく調べ問題の記述（「どのように，どのような」）とそのまとめ・発表を行います。次に，社会がわかるために，社会的事象や問題に対して「なぜ，どうして」と問い，意味・意義の解釈や，特色や事象間の関連の説明を行います。そして，よりよい社会をつくるためには「どうしたらよいか，どの解決策がより望ましいか」と問い，クラスの仲間との意見交流をとおして自分の考えの論述を行います。

◎**終結部（表現）**

学習成果の総合的表現の過程である終結部では，学習のまとめとして，報告書・パンフレット・論文・歴史新聞・ビデオなどの作成と提出といった成就感のある総合的な表現活動や，自己評価・相互評価の活動を行います。なお，論争問題スピーチ，新聞づくりといったパフォーマンス活動も有効です。

3 本書における アクティブ・ラーニングのとらえ

社会科独自のねらいである「社会認識と市民的資質」を
統一的に育成する学習方法論の視点から

	A　社会認識の形成をより重視した学習方法（「なぜ，どうして」の思考）		B　市民的資質の育成をより重視した学習方法（「どうしたらよいか，どの解決策がより望ましいか」の判断）			C　AとBの両方の学習成果の発信を重視した学習方法	
	体験・追体験型	調査・研究型	討論・ディベート型	企画・提案型	問題解決・プロジェクト型	セミナー・ワークショップ型	総合的表現活動型
習得・活用・探究という学習プロセスの中での，問題発見・解決を念頭に置いた深い学び		●	●がその授業プランに含まれる学習活動，学びを示しています。				
他者との協働や外界との相互作用を通じて，自らの考えを広げ深める，対話的な学び							●
子供たちが見通しを持って粘り強く取り組み，自らの学習活動を振り返って次につなげる，主体的な学び			●				

前節で述べた中学校社会科における「アクティブ・ラーニング」の基本的な考え方に基づけば，本書における授業開発のフレームとして，上記のようなものを考えることができます。

縦軸は，前述の「論点整理」で示された「深い学び」「対話的な学び」「主体的な学び」の3つの学習の側面です。横軸は，社会科独自のねらいである「社会認識と市民的資質」を統一的に育成する学習方法の視点からとらえた活動例です。大きくは，次の3つに分類できます。

A　社会認識の形成をより重視（「なぜ，どうして」の思考）……人間の問題解決的行為の意味・意義を共感的に理解する「体験・追体験」の活動や，社会的事象や問題を条件・結果，原因・結果の関係から科学的に説明する「調査・研究」の活動が代表的です。

B　市民的資質の育成をより重視（「どうしたらよいか，どの解決策がより望ましいか」の判断）……意思決定を求める「討論・ディベート」の活動，社会形成を求める「企画・提案」の活動，社会参加を求める「問題解決・プロジェクト」の活動などが考えられます。

C　AとBの両方の学習成果の発信を重視……学習成果を「セミナー・ワークショップ」で発信する活動や，新聞づくりやリーフレットづくり，研究報告書作成などで発信する「総合的表現活動」などが考えられます。

（小原　友行）

第2章

アクティブ・ラーニングを位置づけた中学校社会科の授業プラン

地理	身近な地域の地域性と課題を考える

身近な地域のよさや課題を発見する ツアープランを提案しよう！

	A 社会認識の形成をより重視した学習方法（「なぜ，どうして」の思考）		B 市民的資質の育成をより重視した学習方法（「どうしたらよいか，どの解決策がより望ましいか」の判断）			C AとBの両方の学習成果の発信を重視した学習方法	
	体験・追体験型	調査・研究型	討論・ディベート型	企画・提案型	問題解決・プロジェクト型	セミナー・ワークショップ型	総合的表現活動型
習得・活用・探究という学習プロセスの中での，問題発見・解決を念頭に置いた深い学び		○					
他者との協働や外界との相互作用を通じて，自らの考えを広げ深める，対話的な学び				○			
子供たちが見通しを持って粘り強く取り組み，自らの学習活動を振り返って次につなげる，主体的な学び				○			

1 授業のねらい

地域をめぐるツアープランを提案することをとおして，生徒の身近な地域がもつよさや課題を説明できる。

2 授業づくりのポイント

地域調査の学習は，単に地域に関する雑多なテーマを調べさせて，集めた情報を整理してまとめるような，「調べて終わり」「まとめて終わり」になりがちです。①生徒自身が実際に身近な地域に出ていってフィールドワークを行い，調査の成果を他者に伝えるためにまとめ直す活動が組み込まれていること。②生徒が生活している身近な地域のよさや課題を見つけ出せる学びになっていること。③追究するテーマや調査の方法を生徒自身が主体的に選択し，意思決定できる単元構成になっていること。これらの点を意識することで，他者の視点に立って地域のよさや課題を伝えることができる地域調査学習が成立するでしょう。

3 学習指導案

次数	生徒の学習活動（学習課題）	教師の指導・支援
第1次 （3時間）	**課題1** ○○町のもつ特色を，地形図や統計資料を使って確認しよう。	・複数の班へと分け，テーマ別に地域の特色を調査する。（例：①自然や防災 ②歴史や伝統，生活，文化 ③産業と他地域との関わり ④環境問題や人口問題，など）
	課題2 調べたことをクラスで発表して，○○町のよさや課題を共有しよう。	・地域のよさと課題に注目して，調べた成果を発表する。面積や人口，自然環境などは地域を理解する基礎データであり，他の班のツアープランづくりのヒントにもなるため，丁寧に発表し共有させる。
第2次 （2時間）	**課題3** 班ごとに調べるテーマを決めて，魅力的なツアーの名前を提案しよう。	・テーマと関連させたツアー名を提案させる。他者が一目見て「見回ってみたい！」と思えるようなツアープランが提案できるように，工夫したツアー名を考えさせる。特に，地域の課題を扱う班には，ポジティブなツアー名にさせる必要があるため，教師の支援が必要となる。 ※取り扱う内容の重複を避ける必要はない。例えば，「歴史」と「産業」それぞれのテーマにおいて，町の「酒づくり」を取り上げる場合は，異なる視点や切り口から発表できるように支援すればよい。
	課題4 ルートマップを作り，調査の計画を立てよう。	・地形図上に調査する地点をマッピングしていき，それぞれの地点を繋いでルートを作成する。短い時間で効率的に調査が終わるように，調査する地域の絞り込みや，ルートづくりを支援する。
第3次 （2時間）	**課題5** 地域を調査して，ツアープランに必要な情報を集めてこよう。	・調査に必要な道具や段取り，調査時の留意点やアドバイスを伝えておく。 ※地形図からは読み取れない景観や音・におい等の情報も記録しておくことや，地域の人々の意見も貴重な資料となること等を事前に伝えておく。役場や商店，工場等については，事前にアポをとっておくとよりよい調査へとつながる。
第4次 （3時間）	**課題6** 調査で集めた情報を使って，○○町のツアープランを作成しよう。	・模造紙に地図を貼りつけ，ツアーで見回るべき地点と，関連する情報を書き込ませる。調査で見つけた注目ポイントや，写真なども上手く盛り込めるように工夫させる。ツアーであることを念頭に置き，ポイントを回る順番や距離も意識させる。
	課題7 完成した○○町のツアープランをみんなの前で発表し，評価してもらおう。	・ツアープランを生徒同士，班同士でお互いに評価させる。実際に調査や発表を行って気づいたことをレポート等にまとめさせてもよい。

第2章　アクティブ・ラーニングを位置づけた中学校社会科の授業プラン

4 授業展開例

　この単元は全部で8～10時間程度の学習から構成されます。ここでは地域調査の「目的」と「まとめ方」に注目して，それぞれの場面での教師の支援の仕方を見ていきましょう。

課題3　班ごとに調べるテーマを決めて，魅力的なツアーの名前を提案しよう。

　事前の調べ学習で学んだ内容をふまえて，各班のテーマにふさわしいツアー名を考えさせます。以下は「地域の課題」をテーマにしていたある班で話し合いが行われている場面です。教師は，魅力的なツアー名になるように，下線部のような声がけをするとよいでしょう。

生徒A　僕らの班は「○○町は危険がいっぱい⁉　『危険地帯をめぐるツアー』」にしよう！

教　師　なるほど。でも，そのツアー名を見て「行ってみたい！」と思う人はいるかな？

生徒B　ネガティブな感じもするし，進んで危険な場所に行きたい人はいないかもね。

生徒A　そうか……。でも，難しいなぁ。このテーマは大事なことだと思うのだけど……。

教　師　そうだね，これはとても重要な地域の課題だね。じゃあ，みんなが考える「危険な場所」という地域の課題について，どんな対策が考えられているか調べてみたかな？

生徒C　あ！　そういえば，学校の前の道路は交通量が多くて危なかったから，去年から僕らが通学する時間に車を通れなくする「スクールゾーン」に設定されたらしいよ。

生徒A　へえ～，ちゃんと対策が考えられている場所もあるんだね。そうだ！　それじゃあ，僕たちの班は地域の安全についての問題とその対策について調べて，これからの防犯や防災を考えるツアーを提案しようよ！

　話し合いの結果，この班は「地域の安全を見なおそう！『みんなでつくるセーフティマップ』ツアー」というツアープランを提案することになりました。印象に残る魅力的なツアー名を考えるために，旅行会社のパンフレットや市販のガイドブックなどを参考にしてみるのもお勧めです。また，身近に良い事例が発見できない場合には，その課題に対して自分たちができることを考えて，提案することを視野に入れてもよいでしょう。

　他の班では，話し合いの末に以下のようなツアープランが提案されたようです。

・宗教と暮らしとのつながりを考える「地域に暮らす神様・仏様」ツアー

・地域を支えてきた産業の移り変わりを学ぶ「ものづくりの歴史を体験！」ツアー

・外国人観光客にこの町ならではの魅力を伝える「Yokoso! ○○ in Japan」ツアー

・地域に残る自然を活かした遊びを考える「○○町と・レジャーハント」ツアー

この後ツアー名をクラス全体で共有し，課題4へと進んでいきますが，ここでは少し省略し，本単元のもう一つのポイントとなる課題6の支援の仕方を考えていきましょう。

| 課題6　調査で集めた情報を使って，○○町のツアープランを作成しよう。 |

　地域調査で得た様々な情報を，テーマに沿うように具体的なツアープランへと作り変えていきます。このとき，調査に用いたルートマップをそのまま順番にたどらせてはいけません。「ツアーをとおしてどのようなことに気づいてほしいか」「どんな情報をマップに盛り込めば地域のよさや課題がクリアに伝えられるか」「どうすればポイントを効率的にめぐってもらうコースになるか」といった点を考慮したツアープランを作成させることが重要です。

　上述した班のツアープランづくりを見てみましょう。まず班で事前に作成した地図上に，①「中学校前の道路」②「駅前の大通り」③「駅東の並木道」④「駅北の古い住宅地」⑤「川沿いの工場跡地」のように，ポイントを書き込んでいきます。さらに地図を模造紙に貼り付け，各地点の情報を書き加えていくことになります。例えば④の地点を調査したところ，この地区は古い時代の家屋が密集して並んでいるため，住民の方々は火災の被害を心配されていることを聞き出しました。また対策として，防火用水や消防団の詰所を設置していることを教えてもらいました。マップ外にはこれらの情報を書き込ませてもよいでしょう。

　そして，これらの各地点を結んでルートを作っていきます。この班は調査の際には①から⑤へと順番に歩きましたが，ツアープランでは町が開発された歴史に合わせて，駅の北口をスタートして④→③→②→①と回り駅の南口へ戻るルートを提案しました。⑤はあえてツアーに組み込まないことで，テーマに沿ったツアープランを作り上げることができたようです。

5　評価について

　ツアープランが完成したらクラス全体に向けて発表し，生徒同士で互いのプランを評価し合うことで，様々な角度から地域をとらえ直すことができるでしょう。そのためには，「テーマに合った地域のよさや課題が伝わるツアーになっているか」「各地点を効率的に無理なく回ることができるコースになっているか」「調査で実際に集めた情報がプランの中に取り入れられているか」などの評価規準を事前に生徒に示し，共有しておくことが大切です。

（佐々木拓也・大坂　遊）

地理	アジアと日本との関係を考える

統計から考える
アジアと日本とのよりよいつながり

	A　社会認識の形成をより重視した学習方法（「なぜ，どうして」の思考）		B　市民的資質の育成をより重視した学習方法（「どうしたらよいか，どの解決策がより望ましいか」の判断）			C　AとBの両方の学習成果の発信を重視した学習方法	
	体験・追体験型	調査・研究型	討論・ディベート型	企画・提案型	問題解決・プロジェクト型	セミナー・ワークショップ型	総合的表現活動型
習得・活用・探究という学習プロセスの中での，問題発見・解決を念頭に置いた深い学び		○					
他者との協働や外界との相互作用を通じて，自らの考えを広げ深める，対話的な学び			○				
子供たちが見通しを持って粘り強く取り組み，自らの学習活動を振り返って次につなげる，主体的な学び					○		

1 授業のねらい

> 貿易統計を使って，アジアと日本とのつながりを，論理的に説明できる。

2 授業づくりのポイント

　アジアと日本とのつながりをデータをもとに分析し，よりよい未来像を考えていく授業で，唯一解が存在する内容ではありません。特にグループディスカッションの場では，他者の意見が，どのようなデータを根拠とし，どのような論理プロセスをもっているのかを意識し，自分の意見と融合していく能力を育成することがねらいとなります。この点は全体での考えの共有についても同様で，問題解決（本時であればアジアと日本との貿易関係はどう変化すべきかという課題）のアイデアは多様ですから，多様性を認識しつつ，よりよい方法を模索することを意識して授業を展開します。

〈地理的分野〉

3 学習指導案

時間	生徒の学習活動	教師の指導・支援
3分	1　前時の復習をする。	・前時に行ったアジアの特徴について，指名した生徒に説明させる。 ・今回は日本とのかかわりをグループで考えていくことを伝える。
	課題1　現在のアジアの国々と日本の貿易の特徴をデータから考えよう。	
5分	2　まず個人で考える。次にグループで考えを共有する。	・5〜6人ずつのグループで行う。 ・発表するときには，注目したデータと考えた根拠が聞き手に伝わるように促す。 ・個人の考えを聞くとき，具体的なデータがもとになっているか，そのデータをどのように分析しているかに注目させるようにする。
10分	3　グループごとに，最も大きな特徴をまとめる。	・個人の考えをもとに，グループで特徴を絞っていく。そのために，わからないところは積極的に質問させるようにする。 ・他の生徒の意見を否定するのではなく，複数の意見を比較し，どちらが特徴を論理的に示しているのかという視点から話し合っていくように促す。
5分	4　全体で考えを共有する。	・7つのグループに発表させる。他のグループの生徒も理解しやすいように，注目したデータと分析したプロセスをポイントを絞って話すよう工夫させる。 ・発表を聞く中で，自分たちのグループの分析とのちがいを意識させる。ただし，他の考え方の否定にならないよう気をつける。
15分	5　課題2を知る。	
	課題2　アジアの国々と日本が共に豊かになるためには，貿易はどう変化するとよいか考えよう。	
		・グループで課題2を考えさせる。課題1でまとめた特徴をもとに考えさせるようにする。 ・アジアの国々から見た利点と日本から見た利点をそれぞれ意識し，具体的にグループ全員で分析するよう伝える。
10分	6　全体で考えを共有する。	・課題2についてグループごとに発表させる。
2分	7　本時の学習を振り返る。	・学習を振り返り，まとめる。

第2章　アクティブ・ラーニングを位置づけた中学校社会科の授業プラン

4 授業展開例

前時に，アジアの国々について，地図帳を使用して位置を探し，統計を見て全体の特徴を確認しました。

以下は，このときに各グループから出された特徴です。

---

①世界人口のおよそ6割を占めるほど，多くの人がアジアで暮らしている。

②1人あたりの国民総所得は，一部の国をのぞいてあまり高くない。

③第一次産業（おもに農業）に従事している人の割合が高い。

④様々な気候がみられるが，暑い地域や乾燥した地域が多い。

本時は，今までのことを全体で復習し，課題1に入りました。

課題1 現在のアジアの国々と日本の貿易の特徴をデータから考えよう。

まず，個人で考えさせた後，クラスを7グループに分け，各グループで個人の考えた特徴を発表し，共有させました。ここでは，様々な考え方に触れるだけでなく，その根拠がどこにあるのか，どういったデータの見方をしているのかを理解し，お互いの価値観を認識することも目的の一つとなります。

続いて，個人で出し合った特徴の中から代表的な特徴を決めたり，複数の特徴をまとめてグループとしての特徴を出したりするため，グループで議論していきます。その際，議論をするスタイルとして，誰かの考え方を否定する議論ではなく，どちらの考え方も正しいけれども，より分析が深い，よりよく特徴をまとめている考え方を選択するなど，肯定的な議論にする。あるいは，複数の意見を満たすような特徴に言い換えていくなど，建設的な変化をおこす議論にすることにより，ポジティブな話し合いが行えるよう促しました。

全体で各グループの考えを共有し，続いて課題2を同じグループで考えさせました。

課題2 アジアの国々と日本が共に豊かになるためには，貿易はどう変化するとよいか考えよう。

この課題に対して，なかなか考えがまとまりません。

生徒A　日本で作っている工業製品を東南アジアとかで作るようにすればいいんじゃない？
生徒B　そうすれば東南アジアの国々は豊かになるよね。
生徒C　でも，それだと日本は豊かにならないんじゃないかな。
生徒D　だからといって，今のように日本から機械とか輸出し続けると，東南アジアの国々にとってはプラスにならないよ。
生徒A　日本の立場を優先すると東南アジアは豊かにならないし，東南アジアの立場を優先すると日本にとってはマイナスになる……。お互いにプラスにすることってできるのかな？
生徒C　難しいなあ。どちらかに我慢してもらうしかないのかな……。
教　師　どうしましたか？
生徒A　どちらかが豊かになる方法は思いつくのですが，共に豊かになる方法が思いつかなくて……。
教　師　どこか1か所だけで全部をするということは実際にはないですよね。なぜなのでしょうか？

生徒A　1か所だけではない？　ということは何か所かでそれぞれ何かをするということ？
生徒C　日本でも東南アジアでも工業製品を作る？
教　師　工業製品って1種類なのですか？　みんな自動車ばかり作ったりするの？
生徒D　そうか！　国ごとにどういった工業をするのか考えると，それぞれが豊かになることができるかもしれない！

　これで，このグループはどう変化するのが望ましいのか，案をまとめることができました。また，他のグループにもアドバイスを与えながら考えさせ，このグループとは違った案をまとめました。
　ここで注意した点は，この課題2は唯一解を求めていないことです。そもそも，「豊かになる」ということが，すべての国が同じような経済水準になることを目指すのか，すべての国が現状よりも経済力が高くなることを目指すのか，トータルの経済規模が大きくなることを目指すのか，考え方によって方向性が変わるわけですから，グループごとに案が異なるのが自然なことだと思います。ただし，前時にまとめているアジアの特徴をふまえた，つながりのある案になるよう意識させました。また，案を考えた根拠についてもはっきりさせています。論理的に矛盾がある，飛躍している，論理性に欠けているといった案にならないよう，必要に応じてアドバイスを与えることで，より説得力のある案を考え出すことができました。

（實藤　　大）

地理　　ブラジルの熱帯雨林開発の是非を考える

様々な立場から経済発展と環境保護の対立を考えよう！

	A　社会認識の形成をより重視した学習方法（「なぜ，どうして」の思考）		B　市民的資質の育成をより重視した学習方法（「どうしたらよいか，どの解決策がより望ましいか」の判断）			C　AとBの両方の学習成果の発信を重視した学習方法	
	体験・追体験型	調査・研究型	討論・ディベート型	企画・提案型	問題解決・プロジェクト型	セミナー・ワークショップ型	総合的表現活動型
習得・活用・探究という学習プロセスの中での，問題発見・解決を念頭に置いた深い学び					○		
他者との協働や外界との相互作用を通じて，自らの考えを広げ深める，対話的な学び			○				
子供たちが見通しを持って粘り強く取り組み，自らの学習活動を振り返って次につなげる，主体的な学び		○					

1　授業のねらい

経済発展と環境保護の視点から，アマゾンの熱帯雨林開発の是非を考察できる。

2　授業づくりのポイント

　本実践は社会的な論争問題をテーマとして扱い，単元の学習過程を，社会的な論争問題を解決していくように構成しています。つまり，①基本的な知識を具体的につかませる段階　②社会的な論争問題の背景や原因を客観的・科学的に追究させる段階　③社会的な論争問題の解決策を選択させる段階の3段階に設定し，また③の段階では，社会的な論争問題の解決策を考えさせるために，一単位時間の中で，意思決定や意見交流を繰り返す学習活動を位置づけています。以上のような考え方に基づいて，アマゾンの熱帯雨林開発の是非について，4つの立場に分かれて主張を考えた後，自らの意見を形成する授業を行います。

3 学習指導案

時間	生徒の学習活動	教師の指導・支援
8分	1　前時の復習をする。	・前時に学習した，農地の開発と森林保護の考え方が対立している状況を振り返らせる。 ・ブラジルのGDPの順位，アマゾンの土地利用，熱帯林の役割，ブラジルの貧富の差などを確認させる。
	課題　アマゾンの熱帯雨林開発の是非について考えよう。	
5分	2　テーマについて個人で考える。 （与えられた立場から，理由も含めて考える。）	・アマゾンの先住民，アマゾンを開発する農家，ブラジルの政治家，日本の熱帯雨林の研究者の4者の立場を指定し，それぞれの立場からテーマについての是非を考えさせる。【直感的な意思決定】 ・対立の状況をわかりやすくするために，アマゾンの熱帯雨林開発を扱ったマンガ『SEED』を資料として活用する。
7分	3　同じ立場のグループで集まり，意見交流を行う。	・同じ立場で集まり，自らの立場の主張の根拠となる資料も検討させる。【小集団活動①】
10分	4　4者の異なる立場のグループで討議し，意見をまとめる。	・前段の活動で検討した，4者の主張と根拠をそれぞれ交流させ，グループとしての意見をまとめさせる。【小集団活動②】
10分	5　グループで話し合った内容を，理由も含め全体で発表し，共有する。	・グループでまとまった意見を，理由とその根拠となった資料も含め発表させる。【全体交流】
8分	6　4者の立場（役割）をなくし，最終的な自らの意見について考える。	・ここまでの交流活動を活かし，「アマゾンの熱帯雨林開発に，賛成か・反対か」について，自分なりに意見を記述させる。【合理的な意思決定】
2分	7　本時の学習を振り返る。	・学習を振り返り，まとめさせる。

4 授業展開例

　前時までの学習では，まず南アメリカ州の自然環境や主要な国々の概要を，地図・写真・統計資料などから具体的につかませました。次に，ブラジルの自然環境や産業の特色について，資料からつかませました。この2時間の学習によって，学習テーマにせまるための基本的な知識を具体的に知ることができ，またブラジルの自然環境や産業の特色から，経済発展と環境保護の2つの視点をつかませることができました。

	段階	主な学習活動・内容	主な指導・支援上の留意点
①	基本的な知識を具体的につかむ段階	南アメリカ州の範囲と主な国々の様子を確認し，この地域を大観する。	○南アメリカ州の地図・写真・統計数値などを活用して，州の地域的特色や主な国の名称と位置を理解させる。
②	論争問題の背景や原因を客観的・科学的に追究する段階	ブラジルの自然環境の特色や，農業・鉱業など，経済発展が目覚ましい産業について知る。	○地図・写真・グラフなどの資料を活用して，ブラジルの自然環境や人々の生活，農業生産や工業生産が伸び，経済発展していることを理解させる。
③	論争問題の解決策を選択する段階（本時）	アマゾンの熱帯雨林開発の是非について考える。	○グラフ・写真などの資料を活用して，アマゾンの熱帯雨林開発の是非について考察させる。

　本時は，前時に学習した，ブラジルの GDP の順位の伸び，アマゾンの土地利用の変化，熱帯林の重要性，ブラジルの貧富の差の広がりなどの具体的な資料を確認し，農地の開発と森林保護が対立している状況を振り返らせ，課題を提示しました。

課題　アマゾンの熱帯雨林開発の是非について考えよう。

　まず，座席の位置によって以下の４者の立場に役割を指定し，指定された立場になりきらせ，個人でテーマについて考えさせました【直感的な意思決定】。その際，アマゾンの熱帯雨林の開発を扱ったマンガ資料である『SEED』（ラデック鯨井・本庄敬，集英社，１巻，1996年）を提示し，登場人物の置かれた立場や対立する状況を理解させました。

アマゾンの先住民：先祖代々熱帯雨林に住み，昔ながらの狩猟・採集生活を送っている。
アマゾンを開発する農家：産業基盤が不安定な地域から移住してきた。熱帯雨林を伐採し，
　　　　　　　　　　　　大豆の栽培や，肉牛の牧場を営んでいる。
ブラジルの政治家：ブラジル大統領で，ブラジルの国益を一番に考えている。
日本の熱帯雨林の研究者：アマゾン熱帯雨林の重要性を世界中に訴えている。

　続いて，「先住民チーム」「開発農家チーム」「政治家チーム」「日本の研究者チーム」に分かれ，同じ立場で主張の根拠を考えさせました。ここでは，同じ立場の小集団で交流活動を行うことで，お互いの主張やその根拠に自信をもたせることができました。また，このとき前時までに提示した，「ブラジルの GDP の伸び」「アマゾンの土地利用の変化」「熱帯林の役割」などの資料を配布し，根拠を考えやすいようにしました。

段階	【直感的な意思決定】	【小集団活動①】	【小集団活動②】
学習形態	(学習形態の図)	(学習形態の図)	(学習形態の図)
学習内容	指定された立場で主張を考える	同じ立場で主張の根拠を考える	異なる立場でグループの意見をまとめる

教　師　それでは，今から同じ立場で集まります。話し合いの目的は，次に行う異なる４つの立場の話し合いの準備として，同じ人物のグループでお互いの意見を紹介し合って，自分の意見につけ加えることです。またどの資料を根拠に主張ができそうか，検討してください。

（指示の後，座席を移動し，小集団活動①を行います。）

教　師　それでは次に，いよいよ異なる４つの立場で集まって，アマゾンの環境会議を開催します。先ほどの話し合いを活かして，自分の立場の意見を，しっかり主張してください。その際，資料から根拠を示して自分の立場の意見を説明してください。また，どうしても意見がまとまらないときは，最終的には「政治家」の役割の人が意見をまとめてください。話し合った結果は，紙に大きく書き黒板に貼って，「政治家」の役割の人に，根拠として重視した資料も含め，発表してもらいます。

（指示の後，元の座席に戻り，小集団活動②を行います。）

　異なる４つの立場での交流活動が終わった後，「政治家」の役割だった生徒に，黒板に意見をまとめた紙を貼らせ，発表させました。ここで，それぞれのグループの意見を全体で共有しました。その際，それぞれの主張の中に「経済発展」と「環境保護」の視点が含まれていることを確認しました。

　最後に，役割の指定をなくして，交流活動での意見交流をふまえて，「アマゾンの熱帯雨林開発に，賛成か・反対か」について，自分自身の意見を，根拠をもってワークシートに記入させました【合理的な意思決定】。このワークシートの記述内容を，「経済発展の視点」と「環境保護の視点」の両方か，あるいはどちらかが含まれているかどうかで評価しました。

（大庭玄一郎）

| 地理 | | | アフリカの未来を考える | | | |

アフリカの自立のための援助として、どの解決策が望ましいか判断しよう

	A 社会認識の形成をより重視した学習方法（「なぜ、どうして」の思考）		B 市民的資質の育成をより重視した学習方法（「どうしたらよいか、どの解決策がより望ましいか」の判断）			C AとBの両方の学習成果の発信を重視した学習方法	
	体験・追体験型	調査・研究型	討論・ディベート型	企画・提案型	問題解決・プロジェクト型	セミナー・ワークショップ型	総合的表現活動型
習得・活用・探究という学習プロセスの中での、問題発見・解決を念頭に置いた深い学び		○					
他者との協働や外界との相互作用を通じて、自らの考えを広げ深める、対話的な学び			○				
子供たちが見通しを持って粘り強く取り組み、自らの学習活動を振り返って次につなげる、主体的な学び		○					

1 授業のねらい

アフリカの特色を使って、アフリカの自立のために望ましい援助を判断できる。

2 授業づくりのポイント

　アフリカ諸国の主要生産品，経済状況，貿易の様子，主要生産品と人々の生活との関連，旧宗主国である先進国との結びつきなどのアフリカの地域的特色を学習します。その特色を使って，アフリカの自立のための援助として，どのような解決策が望ましいのか判断させました。

　アフリカの援助をめぐる論争を整理すると，A：アフリカの貧困から抜け出すために人道援助を行う「ビッグ・プッシュ理論」　B：公共支援よりも市場経済を重視する「アフリカ援助不要論」　C：紛争国への軍事介入によって安全保障を優先する「平和維持活動論」　D：その他の4つに分けることができます。前時までに身につけたアフリカの地域的特色を使って，アフリカの自立のための望ましい援助を対話的に考えさせることで生徒の考えを深めさせます。

〈地理的分野〉

3 学習指導案（全3時間）

時間	生徒の学習活動	教師の指導・支援
3分	1 前時の復習をする。	・前時に行ったモノカルチャー経済の説明を，指名した生徒にさせる。 ・今回はアフリカへの援助の方法を考えることを伝える。
	課題1 アフリカの豊かな面と貧しい面を整理しよう。	
10分	2 グループで考えを共有する。	・4人ずつのグループで学び合わせるようにする。 ・他の人の発表を聞く中で，わからないところや納得のいかないところがあれば必ず質問させるようにする。 ・ホワイトボードを活用させ，他のグループの生徒も理解しやすいように，図式化や強調など視覚化の工夫をさせる。
5分	3 全体で考えを共有する。	・いくつかのグループに発表させる。他のグループの生徒も理解しやすいように，声の大きさや視線などを工夫させる。 ・発表を聞く中で，わからないところや納得のいかないところは必ず質問させる。他の考え方がある場合には，発表させる。
5分	4 課題2を知る。	
	課題2 アフリカの自立のために望ましい援助を判断しよう。	
10分	5 グループで考えを共有する。	・4人ずつのグループで課題2を考えさせる。グループの中で意見が違ってもよいことを伝える。 ・ホワイトボードを活用させ，他のグループの生徒も理解しやすいように，図式化や強調など視覚化の工夫をさせる。
15分	6 全体で考えを討論する。	・課題2について各意見を代表するグループを発表させる。 ・発表を聞く中で，わからないところや納得のいかないところは必ず質問させる。他の考え方がある場合には，発表させる。
2分	7 本時の学習を振り返る。	・学習を振り返り，まとめる。

地理

歴史

公民

第2章　アクティブ・ラーニングを位置づけた中学校社会科の授業プラン

4 授業展開例

　第2時にモノカルチャー経済を学習しました。「豊かな農作物や鉱産資源があるのに，なぜアフリカの経済は貧しいのか説明しよう」という課題を提示し，資料をもとにグループ（4人グループ）で探究しました。以下は，このときに出された考えです。

- ・作ったもののコストの中で，採った人に渡るコストはとても少ないから
- ・農作物や鉱産資源は国際的な価格の変動が大きく，生産国や生産者の収入が不安定になるから
- ・農業や鉱業に依存して工業は他国に頼っているから
- ・農産物は天候によって採れる年と採れない年があるので，得た収入を事業拡大に使えないから
- ・第二次産業，第三次産業に勤めることができないから

　グループの対話の中でつくった意見を生徒に説明をさせ，アフリカはモノカルチャー経済のため貧しいことや克服のために工業の発達が必要なことを見つけて，前時の授業を終えました。

　本時は，モノカルチャー経済を全体で復習し，課題1に入りました。

課題1　アフリカの豊かな面と貧しい面を整理しよう。

豊か	貧しい
◦資源が豊富 （銅、金、ダイヤモンド）（石油、希少金属）	◦スラムがある
◦携帯電話が普及	◦食料が不足
◦コーヒー、カカオ豆がたくさんとれる	◦上下水道の整備がおくれている
◦身体能力が高い	◦学校に行けない子がいる（児童労働）
◦人口が増えている	◦モノカルチャー経済
◦経済成長率が高い	◦治安が悪い
	◦マラリア・HIV
	◦元々植民地

先進国からの援助

　まず，個人で考えさせた後，各グループ（4人グループ）で資料や教科書をもとに学び合わせました。その後，ホワイトボードにまとめさせ生徒に発表させました。その際，自分の言葉で相手にわかりやすく話すように促しました。

　右は生徒のワークシートです。

　全体で各グループの考えを共有し，続いて課題2を考えさせました。

> **課題2　アフリカの自立のために望ましい援助を判断しよう。**

アフリカの自立のために望ましい援助を，以下の４つの中から判断させました。

Aビッグ・プッシュ理論	Bアフリカ援助不要論	C平和維持活動論	Dその他
各国が共同して大量の援助を送ることで，様々な施設の整備を進めアフリカ諸国が貧困から抜け出すスタートラインに立たせる	援助ではなくビジネスパートナーとして，お互いの利益を追求する中で資源を持っているアフリカ諸国を貧困から抜け出させる	アフリカ紛争国への介入によって，国内でルールがきちんと果たされる状況をつくり出し，アフリカ諸国を貧困から抜け出させる	

生徒A　Aのメリットってある？

生徒B　一番てっとり早そうだよね。アフリカをスタートラインに立たせることができるし。

生徒C　でも，国内産業がつぶれたりして市場が育たないよね。政治の安定や治安をよくする必要がある。ルールづくりを進めるためには，Cが現実的じゃないかなぁ。

生徒D　でも，軍事介入して紛争になって死者が出るのはなんだかなぁ……。

生徒A　資料見たらBもよさそうだよね。実際，ODAや中国の取引はこれに近いよね。お互いに利益が出るから長く続きそうじゃない？

生徒D　私もBがいいかな。各国が自立する力をもつことは大切だと思うな。でも，そもそもビジネスできるだけの産業が発達しないといけないよね。大企業がある国だとその企業だけの利益が増えて，他の人は貧しいままの生活になって苦しくなりそう。

生徒B　フェアトレードって，どれに当てはまるのかな？

生徒A　AとBの間くらいな気がする。フェアトレードだったら，僕らもかかわることができるレベルの話だよね。

教　師　グループで学んだことを参考に自分たちの意見をホワイトボードに書いてみましょう。グループの中で一つの意見にまとめなくてもいいですよ。

生徒A　どれにするか難しいなぁ。世界中の人の協力が必要なことはわかったんだけど……。

この後全体で討論をし，まとめの時間で学習を振り返り，もう一度判断をさせました。

私が考える望ましいアフリカの援助は（　B　）です。 その理由は・・・	
(A)少しでも死亡する人数が減る　抜け出すスタートラインになる	(B) 各国が自分たちで自立する力を持たなければいけないから。
(C) 軍事介入し，政治を安定させたり，治安をよくする。	(D) 技術を派遣する。 お金がかからない。

（重　　秀雄）

地理	南北問題・南南問題を考える

世界の貧困と
自分とのかかわりを考えよう

	A　社会認識の形成をより重視した学習方法（「なぜ，どうして」の思考）		B　市民的資質の育成をより重視した学習方法（「どうしたらよいか，どの解決策がより望ましいか」の判断）			C　AとBの両方の学習成果の発信を重視した学習方法	
	体験・追体験型	調査・研究型	討論・ディベート型	企画・提案型	問題解決・プロジェクト型	セミナー・ワークショップ型	総合的表現活動型
習得・活用・探究という学習プロセスの中での，問題発見・解決を念頭に置いた深い学び	○						
他者との協働や外界との相互作用を通じて，自らの考えを広げ深める，対話的な学び		○					
子供たちが見通しを持って粘り強く取り組み，自らの学習活動を振り返って次につなげる，主体的な学び		○					

1 授業のねらい

　発展途上国の貧困の背景を探ることをとおして，自分とのかかわりを筋道立てて説明できる。

2 授業づくりのポイント

　前時までに子どもたちは，世界の経済格差の現状と発展途上国の植民地時代の歴史に着目して学習を進め，途上国の貧困と自分とのかかわりについてその時点での認識を確認しました。

　本時では，アフリカの国々を事例に現在の先進国と途上国の関係について資料から読み取り，先進国と途上国の関係を表す構造図を完成させます。そして，図を用いて「どのような国が得をしているのか」「なぜそう言えるのか」を個人→グループワークの流れで考え，発表させます。最後に，途上国の貧困と自分とのかかわりについて，前時と同じ質問用紙に答えさせ，どのように認識が変化したか，なぜ変化したのかを振り返らせます。

〈地理的分野〉

3 学習指導案

時間	生徒の学習活動	教師の指導・支援
3分	1　前時のアンケート結果を確認し，内容を復習する。	・前時の質問用紙の結果を提示する。宗主国と植民地との関係を図示する宿題を出し，確認する。
2分	2　課題1を知る。	・アフリカのカカオ豆栽培の実態を示し，貧困を生み出す背景をさぐる目的意識をもたせる。
	課題1　発展途上国の貿易の特色を読み取り，図に表そう。	
8分	3　資料から途上国の貿易の特色を読み取る。	・カカオ豆栽培国を事例に輸出入品を比較し，途上国の貿易の特色をとらえる。「資源や食料」「先進国」などのキーワードを全体で確認する。
7分	4　先進国と途上国の関係を図に表す。	・「先進国と発展途上国の関係図」についてグループで完成させ，代表に黒板に図を示させる。 ・植民地時代の図と比較し，気づいたことを代表に発表させる。
	課題2　発展途上国の貧困の背景を考え，説明しよう。	
5分	5　一次産品の輸出の不利さをとらえる。	・資料から，一次産品の輸出の不安定さとその要因，得られる収入の少なさについて理解させる。
7分	6　「発展途上国との貿易で得をしている国や人」について考え，理由を記述する。	・「先進国と発展途上国の関係図」を用い，先進国の企業・消費者の存在があることに注目して考えさせる。
8分	7　考えを共有する。	・グループワークでホワイトボードに「なぜ先進国の企業や消費者が得をしていると考えられるのか」を書かせ，黒板に掲示する。
7分	8　途上国の貧困と自らとのかかわりについて記述する。	・前時と同じ質問用紙を使い，途上国の貧困と自らとのかかわりについて，現時点の考えとその理由を記述させる。
3分	9　振り返り	・前時の質問用紙と考えが変わった生徒に手をあげさせ，なぜ変わったのか理由を聞く。

4 授業展開例

　前時までの授業では，子どもたちは世界地図から豊かな国と貧しい国の地域的な分布を認識し，南半球と北半球の国々の経済的な格差が国際的な課題となっていること，貧しい国の多くはもともと植民地だった国が多いことを突き止めます。次に，貧しい国の植民地時代に着目し，宗主国に対し植民地がどのような立場であったのか，どのような貿易が行われていたのかを理解します。そして，現在に目を向けて，途上国の貧困問題は自分にとってかかわりのあることかどうかに関する質問用紙に答えます。質問用紙には，「1　ほとんど関係ない」「2　あまり関係ない」「3　少し関係ある」「4　かなり関係ある」「5　非常に関係ある」の5つの選択肢とその理由を記述する欄を設け，答えさせました。

　次の文は「3　少し関係ある」を選んだ生徒の理由です。

　私たちが住んでいる日本にもホームレスなどの貧しい人たちと豊かな人との貧しさの差があるので，貧困問題とほとんど関係ないとは言えないので，少しは関係あると思いました。

　この回答では，貧困問題については関心を示しているものの，貧困の背景と日本とのかかわりについては記述されていません。このように，多くの生徒は，途上国の貧困と自らとのかかわりをもってとらえていないことがわかりました。前時の最後に，宗主国と植民地の関係を表す図のフレームワークを示し，その図を完成させてくるよう課題を出しました。

　本時は，まず，前時の質問の結果を提示し，宿題としていた「宗主国と植民地の関係図」を確認しました。そして，アフリカのカカオ豆栽培の様子とカカオ豆消費量の多い国をクイズ形式で紹介し，生徒にとって身近なチョコレートの裏側について知ることを動機づけとして，課題1を提示しました。

課題1　発展途上国の貿易の特色を読み取り，図に表そう。

　まず，個人でグラフを読み取らせ，ワークシートに語句を抽出し，貿易の特色を表現させました。ペアトークの時間をはさみ，全体で特色を表現するキーワードを検討し，「先進国」「発展途上国」「資源・食料」「工業製品」などのキーワードを出させました。

　次に，そのキーワードを用いて「先進国と発展途上国の関係図」をグループワークで完成させ，黒板にはその関係図を大きく，視覚的に示したのち，課題2を提示しました。

課題2　発展途上国の貧困の背景を考え，説明しよう。

　課題2では，途上国の貧困の背景について，先進国との関係からとらえさせたいと考えました。そこで，一次産品の輸出の不安定さと得られる収入がわずかな点を資料から読み取らせたうえで，「発展途上国との貿易によって得をしているのはどのような国や人か？」「なぜ，そのように考えられるのか？」について記述させ，グループワークで話し合いをさせました。

生徒A　僕は先進国が得をしてるんじゃないかと思う。
生徒B　先進国が得してるの？　なんで？
生徒A　えーっと，発展途上国が安く資源や食料を先進国へ輸出してるってことは，言い換えると，先進国が安く買ってるってことで。
生徒B　よーわからん。それの何がいいことなん？
生徒C　安く買った分，安く売れるってこと？

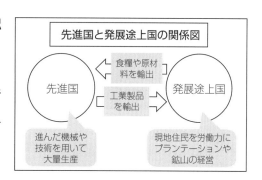

教　師　いいとこに気づいたねー。先進国の企業は途上国から安く買うことで，安く売ることができるんだね。ちなみに，日本は得している方かな？　どうだろう？
生徒A　得している方。先進国だから。
教　師　何か身近な例がありそうかな？
生徒C　あ，チョコレート！　アフリカからカカオ豆を輸入して安く売ってるんだから。
生徒B　チョコを安く買えるんだから，僕らも得してるってことになるんかな。

　事後の感想では，次のような記述がみられました。

普段何気なくチョコレートを食べているが，その裏にはモノカルチャー経済が潜んでおり，多くの子供までもが労働力として働いていることが分かった。約3％しかもらえない収入で何とか生計を立てているが，残りの方は先進国が得ており，得をしているのではないか，ということが衝撃的だった。

　このように，課題1で学習した「先進国と途上国の関係図」に基づいて生徒たちは思考し，途上国の貧困の背景に，先進国の企業や消費者の存在があり，また自分たちにもかかわりがあることだと筋道立ててとらえることができるようになりました。

（若杉　厚至）

| 地理 | 日本社会のグローバル化を考える |

グローバル企業が変えたもの
～1セットの家具から見る
　社会のグローバル化～

	A　社会認識の形成をより重視した学習方法（「なぜ，どうして」の思考）		B　市民的資質の育成をより重視した学習方法（「どうしたらよいか，どの解決策がより望ましいか」の判断）			C　AとBの両方の学習成果の発信を重視した学習方法	
	体験・追体験型	調査・研究型	討論・ディベート型	企画・提案型	問題解決・プロジェクト型	セミナー・ワークショップ型	総合的表現活動型
習得・活用・探究という学習プロセスの中での，問題発見・解決を念頭に置いた深い学び	●						
他者との協働や外界との相互作用を通じて，自らの考えを広げ深める，対話的な学び		●					
子供たちが見通しを持って粘り強く取り組み，自らの学習活動を振り返って次につなげる，主体的な学び	●						

1 授業のねらい

> グローバル企業の経済活動が及ぼす影響（文化の標準化・相互作用）を説明できる。

2 授業づくりのポイント

　社会のグローバル化という言葉を聞く機会はこれまでにも生活の中であっても，いざそれがどういう意味で，具体的にどのような影響が社会や人々，自分の生活に及んでいるのかがわからない状況の生徒たちに行う単元の2時間目（全6時間）です。単元をとおして，「標準化・相互作用・雇用創出・納税・格差助長・人権保障の推進・国内伝統産業との摩擦」などの社会的な見方や考え方を習得させていきます。単元の前半部分で，グローバル企業の一つであるIKEAを取り上げます。IKEAの経済活動が日本や世界にどのような影響を与えたのかを探究し，獲得した知識を活用して，単元の後半部分で日本国内の伝統企業である大塚家具のグローバル化対応について説明します。最後に，グローバル企業の経営者の立場から企画書を書きます。

3 学習指導案

時間	生徒の学習活動	教師の指導・支援
3分	1　前時の復習をする。 ・グローバル化の意味を確認する。 ・日本の職人が作った椅子を見る。	・グローバル化には文化・政治・経済・エコロジー・イデオロギー・メディアによる促進などの意味があったことを確認させる。
	課題1　新聞記事から，広島市に進出するグローバル企業はどのような企業か発見しよう。（課題（問題）を必ず明示）	
10分	2　IKEA が広島市に進出するとどのような影響が広島市の人々の生活や環境にあるか予想する。	・IKEA とはどのような企業かについて説明する。（本社・最高顧問・創業者・業態・総売上高・製品の種類・年間来店者数・ウェブサイト訪問者数・生産地・店舗進出地など）
5分	3　IKEA の店内を探検する。 ・IKEA の店内を覗くことから，IKEA が何をどのように販売しているのかに気づく。	・実際に生徒が店内を探検しているかのような感覚で探究できるようにスライドを活用する。 ・一か所ですべての家具を揃えることが可能となるディスプレイの工夫，倉庫のような広大な店内。（安価な価格設定・大量生産・機能性・ユニークな北欧風デザイン）
	課題2　なぜ IKEA は商品を組み立てない売り方をしているのかについて説明しよう。	
8分	4　IKEA の店内を探検し，売り方の工夫について考え，説明する。 ・フラットパックやノックダウン方式から，IKEA の「DO IT YOURSELF」の考えに気づく。（グループ）	・フラットパックやノックダウン方式から顧客参加型の独自の販売方法を行っていること，日本の都市部にみられる限られた住環境で必要な場所に機能的に家具を設置できる利点について気づかせる問いを行う。
5分	5　様々な国の IKEA の店内を見て，共通点に気づく。 ・どこの国でも同じ売り方をしていることに気づく。	・ドイツ・中国・日本・アメリカなどの IKEA の店内をスライドで示し，IKEA の販売方法が世界に広まっていることに気づかせる。
2分	6　日本の出店先を確認し，各店舗に共通する立地条件を説明する。	・船橋・神戸・横浜・大阪などの地図を示し，共通点を発見させる。
	課題3　日本の IKEA の店内から「あれ？　変だぞ！　何が変？」を見つけ，説明しよう。	
7分	7　世界に広まった IKEA の販売方法と異なるものを日本の IKEA の店内から見つけ，それがなぜなのか説明する。（グループ）	・DO IT YOURSELF の考え方が世界で標準化しているにもかかわらず，日本独自の商慣習（職人が完成まで組み立て，製品は家に届ける）を取り入れた工夫に関する写真資料を用意し，文化の相互作用について説明させる。
5分	8　学習の振り返り ・学習内容を振り返り，リフレクションカードに記述する。	・学習を振り返り，① IKEA の日本進出が，日本の人々の生活にどのような影響を与えたのか（文化や商慣習の標準化・相互作用），② IKEA の経済活動が自分自身とどのような関係があるのかについて記述させる。

第2章　アクティブ・ラーニングを位置づけた中学校社会科の授業プラン

4 授業展開例

　前時に，社会のグローバル化の多次元性や意味について様々な事例を取り上げ学習をしました。本時の導入部分で振り返った際の各次元や，主な事例は以下のとおりです。

【社会のグローバル化の様々な次元】
①文化的次元　②経済的次元　③政治的次元　④エコロジー的次元　⑤イデオロギー的次元　（事例：けん玉ワールドカップ，世界の寿司，facebook，iPhone，アルゼンチンアリ，国連，マクドナルド，大気汚染，もったいない等）

　次に，日本の伝統職人が製作した椅子を生徒に見せ，本時からの学習が，家具や住環境から社会のグローバル化を考えていくことや，日本は伝統的に職人が家具を完成まで製作し，それを販売してきたことを示唆します。そして新聞記事を提示し，課題1に入りました。

課題1　新聞記事から，広島市に進出するグローバル企業はどのような企業か発見しよう！

　新聞記事から，生徒は IKEA というスウェーデン発祥のグローバル企業が広島市（広島駅北口）に進出する事を知ります。この IKEA というグローバル企業が日本に進出すると，どのような影響が及ぶのかについて予想させます。IKEA に関する基本的知識を確認しながら，多くの生徒は，今よりも家具を買うときの選択肢が広がり便利になるだろうという予想を立てました。その後，IKEA の店内を生徒が探検しているような感覚で探究できるスライドを活用し，店内のディスプレイの工夫などから，比較的安価な商品が大量に並んでいること，一か所ですべての家具が揃う工夫などの気づきをグループや全体で共有し，課題2を考えさせました。

課題2　なぜ IKEA は商品を組み立てない売り方をしているのかについて説明しよう！

　IKEA の店内を見渡すと，まるで倉庫のように梱包された商品が並べられており，顧客参加型のフラットパック・ノックダウン方式が採用されていることに気づきます。このことから，凝ったデザインよりも機能を優先していること。収納問題に取り組み，狭い家に暮らす人の不便を解消することを目指していること。製造・運搬過程に顧客の参加を促すことで，低価格を実現している IKEA の「DO IT YOURSELF」の考え方に気づきます。そして世界各国のIKEA の店舗の写真から，どの国でもこの考え方が浸透しており，グローバル企業であるIKEA の経済活動が，文化の標準化を進めていることに気づかせます。次に，日本での1号店である千葉県船橋市の IKEA の店内の写真を示し，新たな課題3を設定します。

〈地理的分野〉

課題3　日本の IKEA の店内から「あれ？変だぞ！何が変？」を見つけ，説明しよう！

教　師　「あれ？　変だぞ！　何が変？」を見つけてみましょう。

生徒A　組立サービスや宅配サービスって書いてある看板があるから，DO IT YOURSELF
　　　　じゃない。そこが変だと思います。

教　師　なるほど。IKEA スタイルが世界標準化したはずなのに，これはもともとの IKEA ス
　　　　タイルではないですよね。どうしたのかな？

生徒B　うーん，一人暮らしの人は不便だからサービスを始めたのかな。

教　師　なるほど！　一人暮らしの人は日本以外にもいるのではないかな？　他の理由は？

生徒C　うーん，どうしてかな？

教　師　どうして先生は，授業の最初に，日本の椅子を持って来たのかな？　日本では，家具
　　　　はどんな風に作られたり，売られたりしてきたのかな？

生徒D　あっ！　そうか。職人さんが作っていた椅子だ。日本では自分では組み立てないこと
　　　　が多かったし，日本では家具は，家に届けられていた。

教　師　つまり？

生徒E　IKEA は，日本のやり方を取り入れて日本で売っているってことになると思います。

　　このことから，社会のグローバル化を進展させる遂行主体の一つであるグローバル企業の経済活動が及ぼす影響は，文化や商慣習の標準化を推し進めるだけではなく，各国の文化を取り入れるなどの文化や商慣習の相互作用という影響もあることに気づかせます。

5 評価について

　　単元の最後にこれまでの学習内容を活用し，人々の生活や環境への影響を考えながらグローバル企業の経営者の立場から企画書を書きます。また毎時間ごとにリフレクションカードに記入し，①グローバル企業の経済活動が及ぼす影響は何か，②グローバル企業の経済活動と自分自身には関係があるかどうかを問います。②の記述によって，社会のグローバル化が自分自身とは関係のない話ではないことに気づかせていきます。企画書と①・②への記述が評価の判断材料となります。

【参考文献】
・サーラ・クリストッフェション著・太田美幸訳『イケアとスウェーデン　福祉国家イメージの文化史』新評論，2015
・バッティル・トーレクル著・楠野透子訳『イケアの挑戦　創業者（イングヴァル・カンプラード）は語る』ノルディック出版，2008
・アンダッシュ・ダルヴィッグ著・志村未帆訳『IKEA モデル―なぜ世界に進出できたのか』集英社クリエイティブ，2012
・イケア・ジャパンホームページ　http://www.ikea.com/jp/ja/

（迫　　有香）

地理

歴史

公民

第2章　アクティブ・ラーニングを位置づけた中学校社会科の授業プラン

地理	日本の資源・エネルギー問題を考える

日本における脱石油社会の実現は可能か，考えよう！

	A 社会認識の形成をより重視した学習方法（「なぜ，どうして」の思考）		B 市民的資質の育成をより重視した学習方法（「どうしたらよいか，どの解決策がより望ましいか」の判断）			C AとBの両方の学習成果の発信を重視した学習方法	
	体験・追体験型	調査・研究型	討論・ディベート型	企画・提案型	問題解決・プロジェクト型	セミナー・ワークショップ型	総合的表現活動型
習得・活用・探究という学習プロセスの中での，問題発見・解決を念頭に置いた深い学び		○					
他者との協働や外界との相互作用を通じて，自らの考えを広げ深める，対話的な学び				○			
子供たちが見通しを持って粘り強く取り組み，自らの学習活動を振り返って次につなげる，主体的な学び			○				

1 授業のねらい

> 日本における脱石油社会の実現可能性について，根拠をもって説明できる。

2 授業づくりのポイント

エネルギー資源の多くを輸入に頼る日本にとって，「脱石油社会」の実現は必要なものとなっています。そこで，石油にとって代わる様々なエネルギー資源とその開発の方法を企画・提案する授業の作成を試みました。アクティブ・ラーニングとして次の点を盛り込んでいます。

まず自らの主張のための調査を個人で行い，次に同じ企画・提案の生徒で小集団をつくり議論をし，グループの結論としての提案を行います。最後にクラス全体で討論を行い，各企画・提案に対する質問や批判を受け，よりよい提案にまとめさせます。

〈地理的分野〉

3 学習指導案（全2時間）

時間	生徒の学習活動	教師の指導・支援
5分	1　前時の復習をする。	・前時に行った日本におけるエネルギー資源の開発・利用の現状を復習する。 ・日本は石油に依存しているが，その石油はいつか枯渇してしまうものであることを伝え，本時の学習課題1を示す。
	課題1　日本における，石油にとって代わるエネルギー源の開発を提案しよう。	
10分	2　まず個人で調査してきたことをまとめる。次に同じ企画・提案の小集団のグループをつくり，話し合いをする。	・5〜6人ずつのグループをつくり，話し合わせる。 ・個人が調査した内容について，その根拠となった統計や資料などをもとに話し合いをさせる。
15分	3　小集団で話し合ったのち，グループでの提案をまとめる。	・小集団での話し合いをもとに，それぞれのグループの提案をまとめさせる。 ・例えば，「風力エネルギーの利用を促進するための企画」の提案をするのであれば，日本の自然環境のどのような特徴を生かすことができるのか，どのような技術革新が進んでいるのか，具体的な資料をもとにまとめさせる。
20分	4　各グループが発表をする。	・すべてのグループに発表させる。 ・パワーポイントや教材提示装置を使い，わかりやすい発表になるようにさせる。 ・あとで質問や批判をするために，メモをとるなどさせる。
5分		・前時の発表を振り返り，学習課題2を示す。
	課題2　各グループの提案を，よりよいものにしよう。	
25分	5　それぞれの提案に質問・批判をする。	・発表した内容についての疑問点や納得のいかない点などを質問させる。 ・ただあら探しをするのではなく，建設的な批判となるように注意させる。
15分	6　各グループで企画・提案を修正する。	・質問や批判を受け，それぞれのグループの企画・提案がよりよいものになるように修正させる。 ・最終提案は，提案の問題点を改善した要素を盛り込んだものになるように指示する。
5分	7　本時の学習を振り返る。	・学習を振り返り，まとめをさせる。

4 授業展開例

前時に，日本の資源・エネルギー利用の特色について学びます。授業の最初にその復習をし，「これから日本は，石油にとって代わるエネルギーの開発が必要となる。どのようなエネルギー資源の開発が可能か，グループに分かれて提案しよう」と学習課題1を提示します。

課題1 日本における，石油にとって代わるエネルギー源の開発を提案しよう。

事前に宿題として，石油代替エネルギーの資料を探すよう指示してあります。同じエネルギー資源について提案しようとする生徒5〜6名のグループをつくり，それぞれが調査してきた資料を持ち寄り，話し合いをさせます。小集団で議論をしながら，説得力のある提案になるように，ブラッシュアップさせていきます。以下は，このときに各グループから出された提案です。

---

①日本は季節風などの風の影響が大きいので，風力発電をもっとさかんにする。
②日本には内海や入り江が多く，干満の差があるので，潮力発電をさかんにする。
③日本には火山が多くあるので，マグマの熱を利用した地熱発電をさかんにする。
④日本には日照時間の長い地域があるので，太陽光を利用した発電をもっとさかんにする。
⑤日本は製鉄業がさかんなので，そこで出る排熱を利用した発電をさかんにする。
⑥日本近海に海底油田が発見されているので，その石油の開発をおこなう。
⑦石油にとって代わるエネルギーの普及は難しいので，省エネを徹底的におこなう。

---

①のグループは，日本が季節風の影響を受けやすいことに着目し，風力発電所を増やして，風力発電をもっとさかんにする，という提案を考えました。小集団の議論の中には，「季節風は夏と冬で吹く向きが違うのでは」などの意見が出ました。それについてはグループ内で，「どの方向から吹いても，風車の向きを変える仕組みがつくられている。例えば，海上に浮かべるフローティングシステムを用いた風力発電や，扇風機のように首を回転させられる風力発電などが考案されている」と，それぞれが持ち寄った資料をもとに，問題点を克服しようとする様子が見られました。

⑥・⑦のグループのように，近年の自然エネルギーの消費割合は3％程度で，そもそも石油代替エネルギーの開発の可能性に疑問をもち，「日本で石油を生産すればよいのでは」や「大胆な政策をつくり，例えば法律をつくって17時以降は仕事をしない，公共交通網をさらに整備し通勤や通学に車を使わない，など省エネを徹底的に行っていけばいいのでは」といった提案が出たことも面白い視点でした。

各グループの提案が終わると，クラス全体に学習課題2を提示します。

課題2　各グループの提案を，よりよいものにしよう。

それぞれの提案に対して，疑問に思ったことや納得のいかないところを討論していきます。グループ①の提案を受けて出た質問や批判について，以下のようなやりとりがありました。（生徒C，Dは，グループ①の生徒）

生徒A　風力発電は風が強すぎると，壊れてしまうのでは。

生徒B　そうだね。台風がやってくる日本では無理じゃないの。

教　師　台風などの強風が来る日本で，風力発電は可能なのですか。

生徒C　はい，現在，台風などの強風でも耐えられる風力発電機が開発中らしいです。

生徒D　台風のエネルギーを電力に変えることができれば，かなりたくさんの電力量をまかなえる可能性があるよ。

生徒E　私，以前，旅行に行ったときに，風力発電の様子を見たことがあるけど，自然豊かな場所に突然現れた感じだった。

生徒B　僕も，○○県で，見たことがあるよ。「こんなところに！」と思ったよ。

教　師　確かに自然エネルギーを利用した発電の方法では，自然を破壊したり，景観を悪化させるといった批判があるようです。これについては，どう対応しますか。

生徒D　私が調べたホームページには，家庭でも設置できるような小規模の風力発電の機械を作っていることが載っていました。

生徒C　そうすれば，自家発電が可能になり，自然豊かな場所に風力発電所をたくさん建設しなくてもよくなるよね。

教　師　では，みんなから出た意見をふまえて，自分たちの最初の提案を改善してみよう。

このクラス討論により，それぞれのグループの企画・提案は，複数の問題にも対応した，よりよい提案になりました。それを最終提案として報告し，授業を終えました。

5 評価について

この単元の授業を終えた際に，これまでの学習の振り返りを行い，日本のエネルギー資源の持続可能性をテーマとしたレポートにまとめ，提出をさせます。

（見島　泰司）

地理	原発問題を考える

エネルギー消費社会の在り方を考えよう

	A 社会認識の形成をより重視した学習方法（「なぜ，どうして」の思考）		B 市民的資質の育成をより重視した学習方法（「どうしたらよいか，どの解決策がより望ましいか」の判断）			C AとBの両方の学習成果の発信を重視した学習方法	
	体験・追体験型	調査・研究型	討論・ディベート型	企画・提案型	問題解決・プロジェクト型	セミナー・ワークショップ型	総合的表現活動型
習得・活用・探究という学習プロセスの中での，問題発見・解決を念頭に置いた深い学び	○						
他者との協働や外界との相互作用を通じて，自らの考えを広げ深める，対話的な学び			○				
子供たちが見通しを持って粘り強く取り組み，自らの学習活動を振り返って次につなげる，主体的な学び						○	

1 授業のねらい

エネルギー政策の議論をとおして，エネルギー消費社会の課題をとらえることができる。

2 授業づくりのポイント

◆単元づくりの視点

① 時事問題を取り上げる

エネルギー政策の在り方を考えさせるために，「原発を再稼働することに賛成か・反対か」という時事問題を取り上げ，生徒の切実さにつなげます。

② 「視点」をジグソーメソッドで取り上げる

論点「原発を再稼働することに賛成か・反対か」に含まれているエネルギー政策を考えるときに重要な「視点」を複数取り上げ，ジグソーメソッドで各々異なる多様な「視点」から分析・考察させ，最適な解決策を導くための多角的な思考を行わせます。

③ 架空の島「ビリビリ島」を舞台にロールプレイ

　エネルギー政策を考えるために架空の島「ビリビリ島」を設定し，各「視点」をもつ住民にロールプレイさせ，異なる意見をもつ他者と実際に議論させながら，エネルギー政策の在り方を考えさせます。

3 学習指導案 (MQ＝メイン・クエスチョン, SQ＝スモール・クエスチョン, MA＝メイン・アンサー)

	教師の指示・発問	学習活動	生徒の学習内容
導入	○前回の住民投票の結果，賛成24票，反対16票で原発再稼働が決定しました。 ○原発再稼働に反対の立場の人がいたね。なぜ反対していたのだろうか。	T：説明 T：説明 S：答える	○（前時からの続き） 　（場面設定の把握） ○農家（A）：近隣の住民などが危険のさらされる恐れがあるため 漁師（D）：汚染水など環境に害があるため
	MQ：原発と共存する社会を実現するためにはどのような政策が必要か？		
展開①	○原発と共存する社会を目指すにあたって住民参加型の「タウンミーティング」が開催されます。 ○検討すべき政策にはどのようなものがあるか？	T：説明 T：説明	○（場面設定の把握） ○「0シナリオ」「15シナリオ」「25シナリオ」
	課題①（SQ①）：それぞれの立場ではどの政策を優先すべきか？		
	○それぞれの立場を重視して，政策を選ぼう。また，他の立場からどのような反対意見があるか考えよう。	T：発問 S：EGでの話し合い	○（選択しうる政策） 農家（A）：「0シナリオ」 政策担当者（B）：「25シナリオ」 工場長（C）：「25シナリオ」 漁師（D）：「0シナリオ」
展開②	課題②（SQ②）：「タウンミーティング」でよりよい政策を提案しよう！		
	○「タウンミーティング」の中で他者との意見交換を行い，よりよい政策を考えよう。また考えた政策の課題を考えよう。	T：発問 S：MGでの話し合い 発表	○（提案）稼働率は事故前ほど戻さず，少し稼働させてそれを維持する （課題）安全性をどのように確保するか・安全基準を厳しくする
終結	MQ：原発と共存する社会を実現するためにはどのような政策が必要か？	T：説明	MA：原発のリスクが伴うので，原発の安全性や放射線廃棄物などの環境への配慮が必要である。

第2章　アクティブ・ラーニングを位置づけた中学校社会科の授業プラン　43

4 授業展開例

(1) 前時までの展開

　本単元では，架空に設定した（今回は東日本大震災直後のデータをもとに設定）「ビリビリ島」を舞台に，多様な「視点」をもつ住民にロールプレイしながら，解決策を考えるため，各住民の意見を「安全性」「安定性」「経済性」「環境適合性」の各「視点」を軸として，「原発付近に住む農家(A)」「島の政策担当者(B)」「工場の経営者(C)」「原発付近に住む漁師(D)」に分けました。それぞれの立場・意見は以下のとおりです。

表　住民の立場・意見

	農家 (A)	政策担当 (B)	工場長 (C)	漁師 (D)
「視点」	安全性	安定性	経済性	環境適合性
立場意見	・原発事故によって仮設住宅で暮らしている ・原発は被ばくなど身体や生活を危険にさらしてしまう	・「資源貧困国」のため，化石燃料への依存は供給を不安定にする ・原発は他のエネルギーよりも安定	・事故以来電気料金の値上げにより経営が悪化 ・原発は他の電力よりコストが低い	・汚染の風評被害に苦しんでいる ・原発は地球温暖化防止で注目されたが，汚染などの問題がある

　前時では，生徒40人を１グループ５人ずつに分けて各住民の意見を読ませ，各住民の意見と各「視点」から火力・原子力・再生可能エネルギーの供給方法の長所・短所を理解，共有させたうえで，各住民の立場に立って，「住民投票」という形で各個人に「原発再稼働に賛成か・反対か」について判断させました。

(2) 本時の展開

　導入部では，前時の「住民投票」の結果，賛成多数であったことを伝え，「原発と共存する社会」づくりに向けて，反対派の意見を考慮しながら，政策を考えていくことを生徒に意識づけし，MQを提示します。

　展開①では，今後のエネルギー政策を話し合う住民参加型の「タウンミーティング」が行われることを伝え，生徒に場面設定を理解させます。その後，「タウンミーティング」で論点となる３つのエネルギー政策（選択肢）を紹介し，課題①を提示します。３つの政策は次のとおりです。

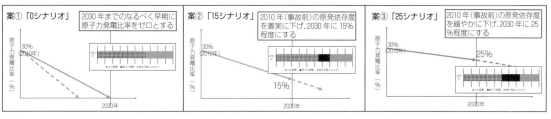

図　3つのエネルギー政策案

　課題①では，前時と同じ各住民の立場に立ったエキスパートグループ（EG）で，どの政策が最もよいか選択させます。また，選択した政策について，前時の他の立場の意見や供給方法のメリット・デメリットを参考にして，他の立場からの反対意見や批判を考えさせ，反対意見をふまえたうえで，選択した政策をどのように修正すればよいか考えさせました。

　展開②・終結では，課題②を提示し，「タウンミーティング」の中で，各EGで考えた意見を持って，4つの立場が混ざったグループ（ミックスグループ：MG，1グループ4人程度）でそれぞれの政策を提案させ，反対意見の主張や政策内容の調整をさせながら，各グループで一つの政策にまとめ，政策案を発表させます。その後，発表をまとめながら，「原発と共存する社会」の課題を考えます。以下は，MGでの活動における会話例です。

B（政策）　私は，安定的に電力を供給するために，原子力は必要だと思う。なので，「25シナリオ」に賛成です。

C（工場）　私は，安く電力を利用したいので，「25シナリオ」に賛成です。

A（農家）　私たちの立場は，原発の危険にさらされたくないので，できるだけ早く原発を止めるようにする「0シナリオ」に賛成です。

D（漁師）　私も汚染などの影響があるので，「0シナリオ」に賛成です。でも，安い電力供給も必要なので，どうせ動かすのなら原発の供給率を10％くらいにして，再生可能エネルギーも増やしながら電力供給するのがいいと思います。

B（政策）　なるほど，それなら安定的に供給できそうだね。

C（工場）　でもそれって，他のエネルギーへの依存度が上がるね。20％くらいではどう？

A（農家）　え，つまり，原発を動かし続けるってこと？　安全性はどうやって守るの？
　　　　　（※「原発と共存する社会」の課題の導出）

（竹内　和也）

| 地理 | | 持続可能な社会を目指して |

20年後の東広島市を予想しよう

	A　社会認識の形成をより重視した学習方法（「なぜ，どうして」の思考）		B　市民的資質の育成をより重視した学習方法（「どうしたらよいか，どの解決策がより望ましいか」の判断）			C　AとBの両方の学習成果の発信を重視した学習方法	
	体験・追体験型	調査・研究型	討論・ディベート型	企画・提案型	問題解決・プロジェクト型	セミナー・ワークショップ型	総合的表現活動型
習得・活用・探究という学習プロセスの中での，問題発見・解決を念頭に置いた深い学び		○					
他者との協働や外界との相互作用を通じて，自らの考えを広げ深める，対話的な学び							○
子供たちが見通しを持って粘り強く取り組み，自らの学習活動を振り返って次につなげる，主体的な学び							○

1　授業のねらい

> 東広島市の都市計画を利用して，持続可能な街づくりへの理解を深めることができる。

2　授業づくりのポイント

　持続可能な開発とは，将来の世代のニーズを満たす能力を損なうことなく，現在の世代のニーズを満たすような社会づくりのことを意味しています。世代間の公平，地域間の公平，男女間の平等，社会的寛容，貧困削減，環境の保全と回復，天然資源の保全，公正で平和な社会などが持続可能な開発の基礎となっており，環境の保全，経済の開発，社会の発展を調和の下に進めていくことが持続可能な開発です。

　これらの視点を盛り込みつつ，実際の都市計画や地元企業の取り組みがどのようになっており，自分たちはどのように都市づくりにかかわることができるのか，考えることができればと本授業案を作成しました。

3 学習指導案

時間	生徒の学習活動	教師の指導・支援
5分	1　2枚の写真から読み取れることを挙げていく。	・西条駅周辺の酒蔵の町並みが写っている新旧2枚の写真を提示し，町並みの変化を読み取らせる。景観の変化から街にどのような変化が起きているのか想像させたい。
	課題1　東広島市はどのような街づくりをしているのだろう。	
10分	2　エキスパートグループ（EG）で考えを共有する。	・4人ずつのグループ（EG）で話し合わせるようにする。 ・具体的な資料を参考にしながら，説明が正しいか考えさせるようにする。
15分	3　エキスパートグループで話し合ったことを，ジグソーグループ（JG）で発表する。	・EGで話し合ったことを責任をもってJGで伝えさせるようにする。その際，自分の言葉で相手にわかりやすく話すように促す。 ・他の人の発表を聞く中で，わからないところや納得のいかないところがあれば必ず質問させるようにする。
10分	4　全体で考えを共有し，まとめる。	・2つのグループに発表させる。他のグループの生徒も理解しやすいように，声の大きさやクリップボードの書き方を工夫させる。 ・発表を聞く中で，わからないところや納得のいかないところは必ず質問させる。 ・発表内容を整理し，課題2を提示する。
	課題2　20年後の東広島市はどのようになっているのだろう。	
10分	5　課題2に取り組み，授業をまとめる。	・自分の言葉でワークシートにまとめさせる。

4 授業展開例

　西条駅周辺の新旧２枚の写真比較から授業をスタートさせました。

　酒蔵がある風景は今も昔も変わらないこと。駅が新しくなり，ブールバールの開通や高い建物が増えたことなど，写真から読み取った内容を生徒は発表していきます。

　一通り発表を終えたところで，課題１に取り組みました。

課題１　東広島市はどのような街づくりをしているのだろう。

　課題１では，ジグソー法を用いて，東広島市の街づくりについて探究しました。まず，「観光拠点と景観づくりのグループ」「交流拠点づくりのグループ」「生活拠点づくりのグループ」「中心市街地のゾーニングのグループ」の２つずつ４セットに分け，各グループ（エキスパートグループ：EG。各グループとも４人）で話し合わせました。東広島市の中心市街地活性化基本計画にある基本方針から作成した資料をもとに生徒たちは探究していきます。

生徒A　観光拠点と景観づくりは，酒蔵通りの活用だよね？

生徒B　レンガ造りの煙突や赤瓦と白壁の町並みは雰囲気があるよ。

生徒C　酒祭りは毎年20万人の観光客が来るみたい。

生徒B　でも，酒祭り以外ではあまり観光客もいないように思うけど……。

生徒D　この間，西条駅前の観光案内所から地図を持って散策していく年配のグループを見かけたよ。

教　師　春はガイドさんの案内で酒蔵見学があったり，６月にはひがしひろしま音楽祭が酒蔵のスペースを借りてやっていたりするよね。イベントは意外と多いのかもよ。
　　　　　このイベントにやってくる人たちは，どのようにやってくるのだろうね。

生徒C　電車が多いよ。

生徒B　バスや車で来る人もいるでしょ。

教　師　じゃあ，たくさんの人が観光に訪れるには何が必要なのかな？

生徒D　たくさんのイベント。

生徒C　あとバスや車の駐車場。宿泊する場所。

生徒B　お年寄りも安心して移動できる方法。

生徒A　酒蔵があるから酒祭りとかもあるんだよね。

生徒B　観光客が来やすいようにホテルとかつくったり，駐車場つくるために土地を開いていくと酒造り用の水が駄目になっていくんじゃない？

教　師　その通り。酒造りには米もだけど，水がすごく大事。開発が進むとおいしい水が手に

48　〈地理的分野〉

入りにくくなるだろうね。だから酒蔵を存続させるために，竜王山の保全を酒造協会が中心となって，行政，学校，企業などと連携・協力して取り組んでいるみたい。

生徒A　お酒がつくれなくなったら，酒蔵がつぶれて，観光どころじゃなくなるね。

　こんなやりとりをして，それぞれの EG で内容をまとめていきました。

　続いて，EG で話し合ったことを，ジグソーグループ（JG）で発表させました。EG で話し合ったことを，責任をもって JG で伝えさせるようにします。その際，自分の言葉で相手にわかりやすく話すように促しました。

　そして，全体で考えを共有するために2つの JG に発表させます。

　その内容をふまえて，課題2を提示しました。

課題2　20年後の東広島市はどのようになっているのだろう。

　開発一辺倒の都市計画でたどり着いた姿ではなく，将来を見越したコンパクトシティとしての街づくりをイメージしているレポートが多くありました。持続可能な開発について理解が深まったようです。

5 評価について

　単元末に，学習を振り返り，課題2の内容を改めて新聞形式のレポートにまとめさせます。東広島市以外から通学している生徒には，この新聞の中で，自分の住んでいる地域の都市計画についても考えてみるように促します。レポートは家庭学習の課題とし，必要に応じて教師に質問をしてもよいこととします。

（野平　剛史）

歴史	地域の歴史から考える

地域の魅力・課題を見つめ，将来を提案させる地域教材

	A　社会認識の形成をより重視した学習方法（「なぜ，どうして」の思考）		B　市民的資質の育成をより重視した学習方法（「どうしたらよいか，どの解決策がより望ましいか」の判断）			C　AとBの両方の学習成果の発信を重視した学習方法	
	体験・追体験型	調査・研究型	討論・ディベート型	企画・提案型	問題解決・プロジェクト型	セミナー・ワークショップ型	総合的表現活動型
習得・活用・探究という学習プロセスの中での，問題発見・解決を念頭に置いた深い学び					○		
他者との協働や外界との相互作用を通じて，自らの考えを広げ深める，対話的な学び		○					
子供たちが見通しを持って粘り強く取り組み，自らの学習活動を振り返って次につなげる，主体的な学び				○			

1　授業のねらい

> 近現代の歴史をふまえて，将来の三原について提案できる。

2　授業づくりのポイント

　思考力・判断力・表現力を育成するためには，歴史的事象を公正に判断し，その場面に立って深く考えさせることが大切です。地域教材から発見した「なぜ，どうして」「どうしたらよいか」の思考・判断型の問いを設け，新たな地域の将来を提案するリーフレットを作成する学習活動は，これまで以上に求められている社会参画につながり，アクティブ・ラーニングを用いた授業づくりといえます。また，地域の歴史を学ぶには，小中連携，地理的分野の地域学習や公民的分野の地方自治と関連づけて考察させることも重要です。

3 学習指導案

時間	生徒の学習活動	教師の指導・支援
5分	1　前時の復習をする。	・前時に配布したワークシートの年表で近現代の歴史の流れを生徒につかませるようにする。 ・平成の大合併によって，三原はどのように発展し，課題が生まれたのかを考えさせるようにする。
	課題1　新聞記事から現代の三原を考えよう。	
10分	2　新聞記事で気づいたことをワークシートに記入する。	・構想中の三原の魅力と課題に揺さぶりをかけさせるようにする。 ・高度経済成長で三原を発展させた三原の大企業は現在，どのように変化したのかを考えさせるようにする。
10分	3　課題2を知る。	
	課題2　構想中のリーフレットをグループで紹介し，意見交換をしよう。	
		・4人グループで順番に各自が構想中のリーフレットを紹介させる。 ・発表者は聞き手にわかりやすく紹介するように促す。 ・聞き手に発表を聞く中で質問や意見，気づきなどを付箋に書かせていき，記録用紙に貼らせる。
15分	4　三原の魅力と課題，将来について自分の変容した意見をワークシートにまとめ，意見交換をする。	・4人全員が発表したら，発表者に付箋の内容を確認させ，その質問等に答えることができるようにまとめさせる。 ・課題1の新聞記事から気づいたことと課題2のグループの意見交換から質問されたことを整理し，自分の考える三原の魅力と課題，将来についてまとめさせる。 ・まとめさせた内容をグループで意見交換して深めさせるようにする。わからないことがあれば，課題として調べさせる。
5分	5　リーフレットの完成に向けて改善する。	・構想したリーフレットを改善し，三原の将来についてどうすればよいかを提案させるようにする。その際，読み手にわかりやすいように，書き方を工夫させる。
5分	6　本時の学習を振り返る。	・学習を振り返り，まとめさせる。

4 授業展開例

　前時まではワークシートの年表から，三原の歴史は日本近現代の産業の歴史と重なることに気づかせることができました。また，三原城，山陽鉄道，帝人・三菱重工業の大企業は互いに結びついており，戦争と関係があることを理解させることができました。

　そこまでの三原の歴史をふまえて，生徒は「三原の魅力と課題，将来どうすればよいか」という思考・判断型の問いのリーフレットを作成しました。

　生徒は三原の魅力については，自然が豊かである，祭りがさかんであるなど似た意見でした。課題の方は多くの意見が挙げられています。しかし，「どうすればよいか」になると現実的な意見ではなく，深さのない意見がみられました。

　以下は，このときに3名の生徒が構想中のリーフレットで「三原の課題を解決するためには，どうすればよいか」について思考・判断した問いです。

---

①三原のよさを他の地域にアピールしていく。工場見学を取り入れたり，タコ料理をアピールするなど三原のことを多く発信していくことが必要ではないか。

②三原城に資料館をつくれば歴史好きの観光客が増え，三原駅前も賑やかになるのではないか。

③三原の交通を整備していく。JR，空港，高速道路，港などの連携を充実させていくことがまず大事ではないか。

　昭和の三原は「城下町」から「企業城下町」として変化してきました。上記の意見においても歴史を学ぶことによって三原城，交通，企業の発想がみられました。

　本時は，今までのことを全体で復習し，課題1に入りました。

課題1　新聞記事から現代の三原を考えよう。

　新聞記事は地域教材として有効に活用できます。本時では，三原や周辺地域の新聞記事を取り入れました。生徒は最新の三原の魅力と課題を知ることで，自身の構想に揺さぶりがみられました。また，歴史で学んだ企業は現在，どうなっているのかについて，気づきました。

　生徒の記入したワークシートから「三原の課題，将来どうすればよいか」について，変化がみられました。

　続いて課題2をグループで考えさせました。

52 〈歴史的分野〉

課題2　構想中のリーフレットをグループで紹介し，意見交換をしよう。

　ここで，4人グループとなり，各自の構想中のリーフレットをそれぞれ紹介させました。

生徒A　私の構想中のリーフレットを紹介します。「なぜ，三原には観光客が少ないのか？」について，それは三原の魅力はいっぱいあるけど，課題は全国的に観光の目玉となる有名なものがないことです。地元しか知られていないものが多いよね。
生徒B　それは同じ意見。そして三原駅前，何もないよね。
生徒C　では，「将来どうすればよい」についてはどうしたの？
生徒A　はい，「三原に観光客を増やすにはどうすればよいのか」としました。私は駅前広場にやっさ祭りなどのイベント会場を設置すればいいと思っています。賑やかにしていくことで観光客も増えると思う。

生徒B　でも，新聞記事には駅前に図書館設立となっているよ。
生徒A　そう，イベント会場を期待していたのに。図書館だと静かにしないといけないから，市民はいいけど観光客は増えないよ。
教　師　三原は「三原城築城450年事業」に向けて，市民から多彩な提案が出ています。将来の三原はこの記念イベントが鍵となりそうです。だから，みんなもよく考えてみて！
生徒C　では，質問や意見，気づきなどを付箋に書いて，この記録用紙に貼りましょう。

　グループの意見交換によって，自分の意見に変容が見られ，深く考えるようになりました。構想中のリーフレットが改善されることによって，将来の三原について提案できるリーフレットの完成が期待できます。

5　評価について

　ワークシートと完成したリーフレットで評価します。生徒には事前にルーブリックの評価規準を示し，歴史を学ぶ意欲を高めさせてリーフレットの作成に取り組ませます。リーフレットの評価規準は「三原の近現代の歴史をふまえて，問いを発見し，思考・判断している」と「三原の課題や将来に対して，思考・判断したことを表現している」の2点とし，3段階評価としました。

（斉藤　弘樹）

歴史 ／ 武家政治の始まりを考える

トゥールミン図式を活用して言葉に結びつく意味や意図を説明しよう

	A 社会認識の形成をより重視した学習方法（「なぜ，どうして」の思考）		B 市民的資質の育成をより重視した学習方法（「どうしたらよいか，どの解決策がより望ましいか」の判断）			C AとBの両方の学習成果の発信を重視した学習方法	
	体験・追体験型	調査・研究型	討論・ディベート型	企画・提案型	問題解決・プロジェクト型	セミナー・ワークショップ型	総合的表現活動型
習得・活用・探究という学習プロセスの中での，問題発見・解決を念頭に置いた深い学び		●					
他者との協働や外界との相互作用を通じて，自らの考えを広げ深める，対話的な学び		●					
子供たちが見通しを持って粘り強く取り組み，自らの学習活動を振り返って次につなげる，主体的な学び							●

1 授業のねらい

> トゥールミン図式を活用して，武家政治の始まりについて説明できる。

2 授業づくりのポイント

(1) 個人思考から集団思考へ，そして，個人思考へ

　最初に「武家政治の始まり」について各自で考え，個人で思考できるようにします。そして，トゥールミン図式を参考にして班員と探究し集団で思考できるようにします。最後に，理由や根拠を各自で判断・説明し，個人の思考へフィードバックできるようにします。

(2) 段階的向上的な学びの保証

　言葉の使い方を，感覚的な段階から教科書項目の段階，理由の段階，根拠の段階，さらに，判断の段階へと段階的向上的に学ぶことができるように作られています。このような学びの道筋に従って，協力しながら活動することで，学びの質を保証するものにしています。

（感覚的な段階）「武家政治の始まり」について，各自が説明する。

「武家政治の始まり」について，トゥールミン図式を用いて班で探究する。

（教科書項目の段階）

武家政治の始まり → 鎌倉幕府の成立

（理由の段階）

理由①朝廷が源頼朝を征夷大将軍として認めた。
理由②朝廷が政所など武家政治のしくみを認めた。

（理由の根拠の段階）

理由①②を取り上げた根拠：（例）朝廷が武家政治を承認したことが重要

（教科書項目の段階）

武家政治の始まり → 執権政治の成立

（理由の段階）

理由③承久の乱後，西日本各地に守護・地頭として御家人が派遣された。理由④御成敗式目によって，武家の政治にも基本ができた。

（理由の根拠の段階）

理由③④を取り上げた根拠：（例）武家が朝廷の勢力をしのいだことが重要

（判断の段階）「武家政治の始まり」について，各自が理由や根拠を判断し説明する。

図　「武家政治の始まりを考える」の授業づくりのポイント

3 学習指導案

時間	生徒の学習活動	教師の指導・支援
20分	1　源平の合戦から承久の乱・御成敗式目の制定までの出来事を理解し，武家政権の始まりを象徴する出来事をクラス全体で考える。	・鎌倉幕府成立までは前時までの復習となるので簡潔に行い，御恩と奉公，執権政治の成立，承久の乱，六波羅探題の設置，守護・地頭の全国化，御成敗式目の制定などエピソードを交えて説明する。 ・武家政治の始まりを象徴する出来事をクラス全体に尋ねる。
	課題1　武家政治の始まりが教科書では「鎌倉幕府成立」あるいは「執権政治」として説明される理由をそれぞれ考えよう。	
10分	2　まず個人で考える。次に班で予想や考えを共有し，自分の考えを反省する。	・トゥールミン図式を示し，教科書や資料集などを参考にして個人で考えさせる。 ・6人ずつの班で話し合わせるようにする。
5分	3　自由に発表し，全体で考えを共有する。	・トゥールミン図式に生徒の意見を書き込む。 ・生徒の意見が不十分な場合は，補足する。
	課題2　なぜ，教科書執筆者はそれぞれの理由を重視したのだろうか。その理由を重視する根拠を考えよう。	
10分	4　課題2について，まず個人で考える。次に班で予想や考えを共有し，自分の考えを反省する。	・トゥールミン図式を示し，個人で考えさせる。 ・6人ずつの班で話し合わせるようにする。
	5　自由に発表し，全体で考えを共有する。	・様々な意見が出るように，発言を促す。
5分	6　課題3を提示し，定期テストで問うことを伝える。	
定期テスト	課題3　あなたが「武家政治の始まり」を使う場合は，どのような考えに基づくだろうか。	

第2章　アクティブ・ラーニングを位置づけた中学校社会科の授業プラン　55

4 授業展開例

　本単元は，NHK 歴史秘話ヒストリア「源義経 vs. 平家のプリンスたち〜最終決戦！壇の浦への道〜」を視聴し源平の合戦に興味をもたせ（1時間目），源平の合戦の際に源頼朝が鎌倉を離れなかった理由を班で考えた（2時間目）後に実施しました。

　最初に，鎌倉幕府成立まで簡潔に復習し，御恩と奉公，執権政治の成立，承久の乱，六波羅探題の設置，守護・地頭の全国化，御成敗式目の制定などエピソードを交えて説明しました。そして，武家政治の始まりを象徴する出来事をクラス全体に尋ねました。生徒は「幕府が成立したこと」「守護・地頭が置かれたこと」という発言のほかにも，「平清盛の政権はどうなんだろうか」という疑問も提起しました。そこで，教科書がどのように記述しているかを確認させ，課題1に入りました。

> **課題1**　武家政治の始まりが教科書では「鎌倉幕府成立」あるいは「執権政治」として説明される理由をそれぞれ考えよう。

　まず，黒板にトゥールミン図式（理由の段階）を図示し，個人で考えさせました。その後，5〜6人の班（8グループ）に分けて話し合わせ，自分の意見を反省させました。そして，全体で自由に発表させました。最初に生徒は「執権政治」の理由を次のように発言しました。

> 1班「承久の乱で朝廷の力が弱くなった」
> 2班「御成敗式目の制定で政治の仕組みが整った」
> 4班「摂関政治とは異なり，朝廷と無関係な政治の仕組みがつくられた」
> 6班「後鳥羽上皇が流されて，武士の力が強くなった」
> 8班「六波羅探題で朝廷を監視するようになった」
> （※3班と7班からの発言はありませんでした。）

　一方で，「鎌倉幕府成立」を視点とした理由は，3班「頼朝が征夷大将軍になったから」しか意見がでませんでした。このため，授業者から「侍所や政所などの政治の仕組みが整ったこと」や「御恩と奉公の関係がつくられたこと」も理由として提案しました。そして，課題2に入りました。

> **課題2**　なぜ，教科書執筆者はそれぞれの理由を重視したのだろうか。その理由を重視する根拠を考えよう。

課題１とトゥールミン図式（根拠の段階）を図示し，個人で考えさせた後に班で話し合わせました。そして，自由に発言することを促しましたが，クラスが沈黙しました。そこで，次のようなやりとりをクラス全体で行いました。

教　師　鎌倉幕府の成立の理由である頼朝を征夷大将軍として認めたのは誰だったのかな。
生　徒　朝廷。
生　徒　後白河法王。
教　師　後白河法王が亡くなった後，朝廷が任命したね。守護や地頭の設置を認めたのは？
生　徒　朝廷。
教　師　一方で執権政治の理由である，「承久の乱で朝廷の力が弱くなった」が重要なのはなぜなのかな。
生　徒　朝廷よりも武士の力が強くなったため。
教　師　「御成敗式目の制定で政治の仕組みが整った」とあるけど，それまでの法律は？
生　徒　律令。
教　師　それぞれの理由を重要だと思った教科書執筆者の根拠や考えはどのようなものだろう。
生　徒　鎌倉幕府成立は朝廷から武士への流れを重視し，執権政治は武士の権力が高まったことを重視したのだと思います。
教　師　流れを重視したと考えたんだね。他に意見はありますか。
生　徒　幕府成立は天皇や朝廷より武士が上，執権政治は朝廷と無関係になったことを重視した。
教　師　朝廷との武士との関係から考えたんだね。他はどうですか。
生　徒　幕府成立は朝廷に幕府を認めさせたこと，執権政治は朝廷を排除したことを重視した。

　生徒の思考は徐々に深まっていきましたが，チャイムがなってしまいました。ここで課題３を提示し，定期テストでアンケートを行うことを伝えました。

5 評価について

　課題３については，「武家政治の始まり」の使い方について，理由や根拠を各自で判断し説明できるかどうかを評価しました。次のような回答がありました。

・源頼朝ら３代が政治を行った頃は今までと違って朝廷から離れた場所で，天皇とかかわりなく政治を行っていた根拠から，鎌倉幕府の成立が武家政治の始まりだと考える。

・執権政治の成立によって，朝廷から与えられた役職ではない，武士たちで決めた役職による政治が始まり，西日本も武家政治が広がっていったため武家政治の始まりは執権政治の始まりだと思う。

(宮本　英征)

地理

歴史

公民

| 歴史 | ヨーロッパと日本の出会いを考える |

キリスト教伝来とヨーロッパとの貿易開始の背景とは？
～資料を選びとり，組み合わせる力～

	A 社会認識の形成をより重視した学習方法（「なぜ，どうして」の思考）		B 市民的資質の育成をより重視した学習方法（「どうしたらよいか，どの解決策がより望ましいか」の判断）			C AとBの両方の学習成果の発信を重視した学習方法	
	体験・追体験型	調査・研究型	討論・ディベート型	企画・提案型	問題解決・プロジェクト型	セミナー・ワークショップ型	総合的表現活動型
習得・活用・探究という学習プロセスの中での，問題発見・解決を念頭に置いた深い学び		●					
他者との協働や外界との相互作用を通じて，自らの考えを広げ深める，対話的な学び					●		
子供たちが見通しを持って粘り強く取り組み，自らの学習活動を振り返って次につなげる，主体的な学び		●					

1 授業のねらい

複数の資料の中から適切なものを選び取り，組み合わせることで，キリスト教布教及びスペイン・ポルトガルのアジア進出の理由を説明できる。

2 授業づくりのポイント

この授業は，教師から与えられた複数の資料を，生徒が取捨選択していくことに特徴があります。資料読解の方法や読解内容を適切に表現する指導を継続し，その次のステップへと位置づけたい指導内容です。

どの資料が与えられた課題を解決するために最も適切な資料なのか，一つ一つの資料読解をふまえ，生徒に思考・判断，探究・解釈させていきます。

3 学習指導案

時間	生徒の学習活動	教師の指導・支援
5分	1　3つの「三美神」を見比べ，描かれた順番に並び替える。グループ（あるいはペア）で，自分の考えを説明し合う。 2　室町時代〜安土・桃山時代の日本とヨーロッパの関係で，知っていることをペアで伝え合う。	・1世紀，14世紀，15世紀に描かれた3つの「三美神」の絵を提示し，14世紀から16世紀にかけてヨーロッパでギリシア・ローマの古代文明を学び直すルネサンスが起こったことを理解させる。 ・ヨーロッパでルネサンスが起こっている頃，日本は室町時代〜安土・桃山時代であることを想起させ，キリスト教や鉄砲伝来がヨーロッパ人によってもたらされたことを説明する。
	課題　なぜ戦国時代に，ヨーロッパ勢力が日本に現れたのだろうか？ 　　　①「ザビエルが日本に来て，キリスト教を布教した理由」　②「スペイン・ポルトガルがアジアに積極的に貿易をするようになった理由」をとおして考えよう。	
15分	3　ジグソーグループ（JG）内で，まずは個人ですべての資料を読解し，何を示す資料か考える。要点にマーカーを引く。	・4人1組のJG内で，【資料1〜4】の担当を決めさせる。
5分	4　各資料担当のエキスパートグループ（EG）で内容を共有する。	・各資料の要点を共有させるとともに，その資料が①②のどちらの背景を考えるために適切なものかを考えさせる。
15分	5　EGでの共有をもとに，JGで資料内容を教え合い，課題①②を解決するために適切な資料を選び，背景を考える。	・複数の資料を組み合わせながら，①②の理由を考えさせる。 ・EGで話し合ったことを責任をもってJGで伝えさせるようにする。その際，自分の言葉で相手にわかりやすく話すように促す。 ・他の人の発表を聞く中で，わからないところや納得のいかないところがあれば必ず質問させるようにする。
5分	6　全体で考えを共有する。	・①②の答えと，それを導き出すために使用した資料番号を明確して，各JGに発表させる。 ・発表を聞く中で，わからないところや納得のいかないところは必ず質問させる。他の考え方がある場合には，発表させる。
2分	7　本時の学習を振り返る。	・学習内容を振り返り，なぜ戦国時代にヨーロッパ勢力が現れたのかが理解できたか確認する。

第2章　アクティブ・ラーニングを位置づけた中学校社会科の授業プラン

4 授業展開例

　奈良時代でも，鎌倉時代でもなく，なぜ戦国時代にヨーロッパ人が来航したのか。その答えにせまるためには，ヨーロッパのルネサンス・宗教改革・大航海時代に踏み込む必要があります。そこでまず，授業冒頭で著名な「三美神」を用いてルネサンスについて説明し，ヨーロッパが大きな転換を迎えていたことを説明します。その後，本題です。

課題　なぜ戦国時代に，ヨーロッパ勢力が日本に現れたのだろうか？
　　①「ザビエルが日本に来て，キリスト教を布教した理由」　②「スペイン・ポルトガルがアジアに積極的に貿易をするようになった理由」をとおして考えよう。

---

　①②の2つの問いを探究することを通して，ヨーロッパと日本の出会いを明らかにしていきます。手法は以下に掲げた【資料1～4】の要点を個人で考え，その後EGで，内容を確認・共有します。

【資料1】ザビエルの生涯

1506年：現スペインにあるナバラ王国のサビエル城に誕生する。
1533年：カトリック教会の修道士イグナチウス・デ・ロヨラに影響を受け，その仲間に入る。
1537年：イグナチウスが仲間のグループを「イエズス会」と名付ける。
1540年：インドへの派遣を命じられる。
1542年：インドのゴアに到着。
1545年：マラッカ（現マレーシア）に着く。
1549年：マラッカから中国商船に乗り，鹿児島へ。領主・島津貴久に会い，布教許可を得る。
1550年：平戸へ行き，領主・松浦隆信より宣教の許可を得る。その後山口へ行き，領主大内義隆と面会する。
1551年：京都に到着。天皇との面会。山口へ行き，大内義隆から宣教の許可を得て，厚い保護を受ける。その後，豊後領主・大友宗麟に招かれる。同年，日本を去る。
1552年：2月中旬　日本人数人とともにゴアへ帰着。中国へ向かおうとするが，病に倒れ死去。

【資料2】ルターが行った，カトリック批判（宗教改革の始まり）

(1)　真に悔い改めている信者は，免罪符を買わなくても罪から完全に救われる。
(2)　信者は，免罪符を買うより，貧しい者に恵みを与え，援助するほうが善い行いだと教えられるべきである。
(3)　カトリックの長であるローマ教皇はどんな金持ちよりも裕福である。サン・ピエトロ大聖堂を建てるのになぜ貧しい信者の金銭を使い，自分の財産を使わないのだろうか。

〈歴史的分野〉

【資料3】各時代のイスラム商人・イスラム国家の様子とルネサンス期のヨーロッパ
(1) 8世紀，アラブやイランのイスラム商人が海上に進出し，中国沿岸に出入りして中国と交易を始めた。
(2) 10〜11世紀にかけて，エジプトのカイロがインド洋と地中海を結ぶ交易活動の中心となった。カイロのイスラム商人はインド商人と提携してインド・東南アジア産の香辛料や中国製の絹織物，陶磁器などを輸入した。
(3) 13世紀以降，インドや東南アジアのイスラム化が始まり，ジャワ島やスマトラ島などの東南アジアにできたイスラム国家は香辛料貿易によって栄えた。
(4) ポルトガルやスペインでは，航海による探検が国の保護で進められた。コロンブスは大西洋を西に向かって進むほうが「インド」への近道であるという説を信じて航海した。

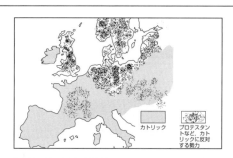

【資料4】宗教改革後のヨーロッパの宗教分布

教　師　（JGに戻ったところで）課題①を導くためには，どの資料を使えばいいかな？

生徒A　1・2・4だと考えました。1からは，「ザビエルがカトリック教会に所属し，インドや日本，東南アジアなど，アジア各地でキリスト教を布教したこと」がわかりました。

生徒B　2から，カトリックは，「民衆から金銭を巻き上げているのを批判されていること」がわかります。4をみると，カトリックを批判する勢力が影響力を増しています。

生徒C　つまりルターらプロテスタントによって，カトリックは免罪符販売などを批判されてヨーロッパでの勢力が低下し，ヨーロッパ以外のアジアなどでの布教を行おうとしたから，ザビエルが日本で布教したことが導けます。

教　師　課題②はどうかな？

生徒A　3が使えます。ポルトガル・スペインは直接アジアと貿易がしたいんだと考えました。インドへの近道を探していたみたいだし。

生徒B　課題①で考えた1・4を組み合わせれば，布教と同時にスペイン・ポルトガルが海外に進出したことが導けるね。

教　師　そうですね。一つの資料だけでなく，組み合わせながら考えられましたね。

（加藤　弘輝）

| 歴史 | 江戸の三大改革から考える |

なぜ江戸時代の三大改革は成功しなかったのだろうか？

	A　社会認識の形成をより重視した学習方法（「なぜ，どうして」の思考）		B　市民的資質の育成をより重視した学習方法（「どうしたらよいか，どの解決策がより望ましいか」の判断）			C　AとBの両方の学習成果の発信を重視した学習方法	
	体験・追体験型	調査・研究型	討論・ディベート型	企画・提案型	問題解決・プロジェクト型	セミナー・ワークショップ型	総合的表現活動型
習得・活用・探究という学習プロセスの中での，問題発見・解決を念頭に置いた深い学び		●					
他者との協働や外界との相互作用を通じて，自らの考えを広げ深める，対話的な学び					●		
子供たちが見通しを持って粘り強く取り組み，自らの学習活動を振り返って次につなげる，主体的な学び		●					

1　授業のねらい

> 資料をふまえて，江戸幕府の貨幣政策の意義と課題を説明できる。

2　授業づくりのポイント

　生徒は，前時までに江戸幕府の三大改革によっても幕府の財政が改善されなかったことを学習しています。三大改革で米の増産を図る諸政策を行ったものの，米の増産が米価安を生んだため幕府の年貢増収が頭打ちとなっているという当時の時代状況を説明できるようになりました。

　そして，本時は江戸幕府が行った貨幣改鋳政策について考えさせます。グループ学習を用いて，小判のモデルを使ったり資料を読み解いたりする中から生まれた「なぜ」「わからない」などの生徒の疑問を拾い，その疑問をクラス全体で考えていく学習を進めていきます。貨幣経済が広がる中で米本位経済を維持しようとする江戸幕府の限界を理解させます。

3 学習指導案

時間	生徒の学習活動	教師の指導・支援
5分	1　資料をみて本時の課題を知る。	・日本貨幣変遷模型を提示して，本時は江戸時代の貨幣について考えることを伝える。
	課題1　江戸幕府が何度も貨幣を改鋳した理由を，資料をふまえて説明しよう。	
10分	2　グループで考えを共有する。	・4人ずつのグループで学び合わせるようにする。 ・他の人の意見を聞く中で，わからないところや納得のいかないところがあれば質問させるようにする。 ・小判のモデルを活用させて，視覚的に考えさせる。
5分	3　全体で考えを共有する。	・グループの中で生まれた疑問を発表させる。 ・疑問に対する意見を発表させる。前に立ち資料を示しながら発表するように意識させる。 ・発表を聞く中でわからないところや納得のいかないところは必ず質問させるようにする。他の意見がある場合には発表させる。
5分	4　課題2を知る。	・生徒の疑問から課題をつかませる。
	課題2　幕府が貨幣の質をもどした理由を，資料をふまえて説明しよう。	
10分	5　グループで考えを共有する。	・4人ずつのグループで学び合わせるようにする。 ・他の人の意見を聞く中で，わからないところや納得のいかないところがあれば質問させるようにする。 ・小判のモデルを活用させて，視覚的に考えさせる。
10分	6　全体で考えを共有する。	・グループの中で生まれた疑問を発表させる。 ・疑問に対する意見を発表させる。前に立ち資料を示しながら発表するように意識させる。 ・発表を聞く中でわからないところや納得のいかないところは必ず質問させるようにする。他の意見がある場合には発表させる。
5分	7　本時の学習を振り返る。	・学習を振り返り，貨幣政策の意義と課題についてまとめる。ペアをつくり，ペアの生徒に自分の意見を説明させる。

地理
歴史
公民

4 授業展開例

　本時の導入に，日本貨幣変遷模型を提示しました。自分たちが普段使っている貨幣とは全く違う様子に多くの生徒が驚いていました。そして貨幣の変遷の中でも，同じような小判が続く時期があることに気づかせ，それが江戸時代に行われた貨幣改鋳によるものであることを確認させました。

　次に江戸幕府の貨幣の移り変わりの資料を提示し，この資料からわかったこと，疑問に思ったことをワークシートに書かせて，全体で共有しました。以下は，このときに出された考えです。

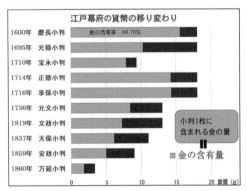

〈わかったこと〉
・江戸時代はたくさんの小判が作られている
・金の含有量や小判の重さが変わっている

〈疑問に思ったこと〉
・金の含有量の意味がわからない
・小判を何度も作り変える理由がわからない

生徒の疑問を全体に共有させて，課題1に入りました。

課題1　江戸幕府が何度も貨幣を改鋳した理由を，資料をふまえて説明しよう。

　グループごとに資料と小判のモデルを配布し，それらをもとに学び合わせました。資料の読み取りを通じて，当時の江戸幕府の財政が非常に厳しい状況にあったことはどのグループでも理解できましたが，それと貨幣改鋳の目的と結びつけることができずに困っている生徒がいたので全体で共有することにしました。

生徒A　慶長小判から元禄小判に変えて何の意味があるかわかりません。
教　師　Aさんの疑問をみんなで考えてみようか。Bくん説明できる？
生徒B　小判を作り変えて金の含有量を減らしたら幕府がもうかるんじゃないですか。
生徒A　うーん？　なんでもうかるの？
生徒B　じゃけぇさ，お菓子で考えてみるとさ，慶長小判はチョコレートが多いやつで元禄小判になるとチョコレートが少なくなるわけよ。
生徒C　それに何の利益があるん？
生徒B　そうしたらさ，同じチョコレートの量でさ，慶長小判は1つしかできないけど，元禄

小判なら３つとか作れるようになるじゃん。小判２つ分幕府は得をするんよ。
生徒A　なるほどね。そのチョコレートの量が金の含有量ってことね。
生徒D　金の含有量を減らしたら幕府がもうかるんよね。じゃあなんで次の貨幣改鋳ではまた金の含有量を増やした小判をつくるの？　もうかりたいならもっと金の含有量を減らした小判を作ればいいのに意味ないじゃん。

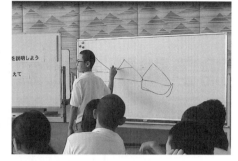

　このように，生徒の疑問を，生徒の独創的な発想の説明で解決することができました。しかし，同時に新たな生徒の疑問が生まれました。生徒の疑問を全体に共有させて課題２に入りました。

> 課題２　幕府が貨幣の質をもどした理由を，資料をふまえて説明しよう。

　グループごとに新たに資料を配布し，それをもとに学び合わせました。グループの中で資料をもとに自分の意見を説明しており，わからない生徒も「ねぇこの資料の意味がわからん」とグループの生徒に質問できていました。机間指導をしながら，止まっているグループには生徒と生徒，生徒と資料をつなぐようにケアを行いました。
　その後，全体で再び疑問を共有し，指名した生徒に自分の意見をクラスに説明させる活動を行いました。

　最後に，本時の学習の振り返りとして，隣同士の男女のペアで本時の課題について自分の意見を説明させ合いました。これは，説明する機会がなかった生徒にも説明する場を与え，教師の言葉ではなく，生徒自身の言葉で本時の学習で学んだことをまとめさせるためです。その際，資料を使って，自分の言葉で相手にわかりやすく説明するように促しました。

（瀬戸　康輝）

歴史	開国か攘夷か（論争問題）を考える

論争問題で社会的事象を多面的・多角的にとらえる！

	A　社会認識の形成をより重視した学習方法（「なぜ、どうして」の思考）		B　市民的資質の育成をより重視した学習方法（「どうしたらよいか、どの解決策がより望ましいか」の判断）			C　AとBの両方の学習成果の発信を重視した学習方法	
	体験・追体験型	調査・研究型	討論・ディベート型	企画・提案型	問題解決・プロジェクト型	セミナー・ワークショップ型	総合的表現活動型
習得・活用・探究という学習プロセスの中での、問題発見・解決を念頭に置いた深い学び		●					
他者との協働や外界との相互作用を通じて、自らの考えを広げ深める、対話的な学び				●			
子供たちが見通しを持って粘り強く取り組み、自らの学習活動を振り返って次につなげる、主体的な学び		●					

1 授業のねらい

> 幕末期の幕府及び日本が置かれた状況を、多面的・多角的に説明できる。

2 授業づくりのポイント

　「開国か攘夷か」の単元であれば「意思決定力」や「社会的判断力」等の育成に主眼が置かれる場合が多いかと思います。本授業ではねらいをあえて、活動をとおして歴史的事象を多面的・多角的にとらえさせることに置きました。具体的には、グループごとに「ペリー（アメリカ）」「武士」「庶民」「貿易商」「養蚕農家」「綿作農家」の６つの立場を与え、それぞれの立場から「幕府は開国すべき」「攘夷すべき」どちらかの考えを擁護する意見を発表させました。最後に学級全体に同じ問いを投げかけ、どちらの考えがより多くの同調者を集めるかを競わせるゲームを仕組みました。グループごとの活動から教室全体での活動に発展させることで、思考力・表現力を育成するとともに、ねらいにせまりたいと考えました。

〈歴史的分野〉

3 学習指導案（1／全2時間）

時間	生徒の学習活動	教師の指導・支援（○発問）
7分	1　本時の学習内容に興味をもつ。	○ペリーは日本に何を求めたか。 ・資料から，ペリーが日本に開国を求めたこと，当時国内には開国に反対する意見が多かったこと，人々がペリーを恐れていたことを確認する。
	課題1　なぜ幕府は開国を受け入れたのだろう。	
	課題2　幕府は「開国」「攘夷」どちらの道を選ぶべきだろう。	
15分	2　課題1にせまるため，課題2について，グループごとにそれぞれの立場から，教科書，資料集をもとに意見をまとめる。	○幕府は「開国」「攘夷」どちらの道を選ぶべきか。 ・6つのグループに分け，「ペリー（アメリカ）」「武士」「庶民」「貿易商」「養蚕農家」「綿作農家」の6つの立場から，意見をまとめさせる。発表用の画用紙とペンを準備し，配布する。発表後に課題2について，どちらの考えに賛成か，学級全員で採決をとることを伝える。 ・同調者を増やすべく説得力のある発表にするために，資料をもとに意見を述べるよう促す。 ・6つの立場をあらかじめ「開国派」「攘夷派」と指定してもよい。最初の2分程度を個人作業にしてもよい。
12分	3　グループで話し合ったことを，発表し，全体で考えを共有する。	・グループでまとめた内容を，画用紙を黒板に提示させて代表者に発表させ，学習内容を共有させる。 ・具体的な資料と照らし合わせながら，説明が正しいか考えさせる。 ・他の人の発表を聞く中で，わからないところや納得のいかないところがあれば質問させる。
4分	4　幕府はどちらの立場をとるべきか，個人の意思決定を行う。	○幕府は「開国」「攘夷」どちらの道を選ぶべきか。 ・各グループの発表をもとに，ワークシートに自分の考えをまとめさせる。メリット・デメリット両方の視点から理由を説明させる。
5分	5　幕府はどちらの立場をとるべきか，学級全体に問い，採決をとる。	○幕府は「開国」「攘夷」どちらの道を選ぶべきか。 ・ワークシートに記入した自分の立場を挙手で明らかにさせる。「開国」「攘夷」それぞれの意見をもつ生徒を指名し，理由を数名発表させる。
7分	6　本時のまとめとして，課題1に答える。	○なぜ幕府は開国を受け入れたのだろう。 ・黒板に提示された画用紙や各グループの説明をもとに，課題1に対する答えを文章記述させる。時間を区切り，数名発表させる。

第2章　アクティブ・ラーニングを位置づけた中学校社会科の授業プラン

4 授業展開例

　生徒は小学校までの学習で，ペリーが来航し，日本が開国したことは知っています。しかしながら，当時の開国に対する諸藩の態度は，開国派が16藩，攘夷派が34藩，意見なしが4藩と，開国に反対する意見が多かったことや，鬼のような形相で描かれたペリーや黒船の絵，当時流行した狂歌を示したうえで，それでも……

課題1　なぜ幕府は開国を受け入れたのだろう。

と問うと，生徒は少し困惑の表情を見せたり，「確かに！」という声も上がったりしました。開国に反対する意見や外国に対する恐怖心があったにもかかわらず，幕府が開国したことに，「なぜだろう」と疑問をもてたからだと考えられます。そのうえで，

課題2　幕府は「開国」「攘夷」どちらの道を選ぶべきだろう。

と課題を示し，グループごとに「ペリー（アメリカ）」「武士」「庶民」「貿易商」「養蚕農家」「綿作農家」の6つの立場を指定し，それぞれの立場から幕府が開国すべきなのか，攘夷すべきなのか，意見をまとめさせました。各グループの代表者に画用紙を使って考えをプレゼンさせた後に，全員に「開国」か「攘夷」か意見を聞いて，たくさん手が上がったほうが勝ちにすると説明すると，はりきって資料に目を通し始めました。グループ活動が盛り上がっていないグループについては，資料集の注目すべき箇所を示したり，「開国すべき，のほうで考えをまとめてごらん」と指示したりすることで，ある程度話し合いが進むようになりました。

　時間を区切り，グループで話し合ったことを，代表者に発表させました。以下は，このときに各グループから出された考えの一部及び補足したい内容を付け加えたものです。

【ペリー】（開国）：照明用の油やろうそくの原料となる鯨油をとるために日本近海で捕鯨をしたい。当時中国への綿織物輸出が綿織物輸出量全体の2〜3割を占めていた。1840年代に西部を獲得したため，太平洋横断航路が実現した。捕鯨と中国貿易のため，燃料となる石炭や食料，水の供給地としてぜひ日本を開国させたい。 【武　士】（攘夷）：イギリスと貿易を始めたインドは，イギリスの工業製品の市場となる

とともに，原料となる綿花の供給地にもなった。安価で高品質のイギリス製品の流入により伝統的な手工業は衰退した。のちにはアヘンを栽培させられるなど，植民地として長くイギリスの支配下に置かれた。清はアヘン戦争に負け，不平等な内容を含む南京条約を結び，その後半植民地化が進んだ。オランダ風説書などから，一部の武士が海外の情報を独占していた。日本もインドや清のように植民地にされるかもしれない。

【庶　民】（攘夷）：開国して貿易が始まると，金貨が流出して，幕府が金貨の質を下げたため，物価が急上昇した。生糸は輸出量が増えるとともに値段が上昇し，米価も高騰するなど，庶民の生活を圧迫した。200年以上も鎖国して外国人と接していなかったのだから，恐怖心が消えない。

【貿易商】（開国）：貿易開始から，貿易額は右肩上がりに増えている。とくに生糸は価格が上がっており，利益を出したと考えられる。輸入品を国内で販売することも利益を出したと考えられる。

【養蚕農家】（開国）：貿易開始当初の輸出の大部分は生糸や蚕卵紙であり，生糸の価格も上昇していった。開国すれば莫大な利益を上げると考えられる。

【綿作農家】（攘夷）：貿易が始まると，イギリスから安い毛織物や綿織物が大量に輸入されるようになり，国産綿製品が押されるようになる。安い輸入綿糸が，綿織物生産に使われる地域も出てくるため，国内の綿作農家は大打撃を受けることが予想される。

　学級によって多少内容に差があると思いますが，このような意見が生徒から出てくればと思います。全員に採決をとった結果，「開国」「攘夷」いずれとも多いクラスがありました。以上の活動をふまえ，最後に課題1の問いに対する自分の考えをまとめさせ，数名発表させました。ある生徒の発表を再現します。

生徒A　私は幕府は仕方なく開国したのだと思います。「武士」のグループの人は，インドや清みたいに植民地にされるから攘夷と言っていましたが，私は植民地にされないためにこそ幕府は開国したのだと思いました。

教　師　それはどういうことですか？

生徒A　攘夷しても，清みたいに戦争になったら絶対に日本は負けてしまいます。だってペリーの蒸気船の軍艦にびっくりするぐらいなので……。貿易にはメリットもデメリットもありますが，幕府は開国を受け入れるしかなかったのだと思います。

　次時で本時の学習内容との関連を意識させながら，実際に日本が結んだ不平等条約の内容や，開国に反対する勢力が尊王攘夷運動を展開したことなどについて学習します。

（山本　侑子）

歴史	明治の条約改正交渉を考える

陸奥宗光に完全な条約改正を可能にする案を提案しよう

	A　社会認識の形成をより重視した学習方法（「なぜ，どうして」の思考）		B　市民的資質の育成をより重視した学習方法（「どうしたらよいか，どの解決策がより望ましいか」の判断）			C　AとBの両方の学習成果の発信を重視した学習方法	
	体験・追体験型	調査・研究型	討論・ディベート型	企画・提案型	問題解決・プロジェクト型	セミナー・ワークショップ型	総合的表現活動型
習得・活用・探究という学習プロセスの中での，問題発見・解決を念頭に置いた深い学び		●					
他者との協働や外界との相互作用を通じて，自らの考えを広げ深める，対話的な学び					●		
子供たちが見通しを持って粘り強く取り組み，自らの学習活動を振り返って次につなげる，主体的な学び		●					

1 授業のねらい

> グループで調べたことを活用し，条約改正交渉の改善案を考え提案できる。

2 授業づくりのポイント

　本単元では，学習形態としてジグソー法を活用しています。

　前時までに，①陸奥の交渉方法や交渉戦略　②当時のイギリスの状況や思い　③イギリス以外の列強の状況や思い　④国内世論の要請　⑤世論や政府と陸奥との協力関係の5つのグループにクラスを分け，それぞれに関して調べ学習を行うようにします。そうすることで，生徒一人一人が担当した事象に関する専門家となります。

　本時はグループを解体し，①〜⑤を担当した生徒（専門家）が1〜2人所属する，5〜6人の小グループ（ジグソーグループ）を再編成します。そうすることで，陸奥外相はもちろん，イギリスや国内世論など多様な視点から条約改正交渉の改善案を考えることが期待できます。

〈歴史的分野〉

3 学習指導案

時間	生徒の学習活動	教師の指導・支援
5分	1　前時の調査結果を報告し合う。	・報告内容を聞き，補助発問やまとめをすることで，全員がそれぞれの調査結果についてある程度理解できるようにする。 ・疑問点がある場合は質問させ，報告者以外の生徒が答えるよう指示する。
	課題1　陸奥外相が完全に条約改正を成功させるにはどうしたらよいか考えよう。	
15分	2　再編成したグループで話し合いながら課題に取り組む。	・それぞれの事象を担当した生徒（専門家）が1〜2人所属する，5〜6人の小グループ（ジグソーグループ）を再編成する。 ・それぞれの生徒が自分の専門とする事象の視点から陸奥交渉の問題点を導き出し，それを解決するような改善案を考えるよう指示する。 ・机間巡視を行い，多様な見方ができていないグループや改善策が考えられていないグループには支援を行う。
10分	3　全体で考えを発表し，質疑応答をする。	・グループごとに考えた改善策を発表させ，それに対する疑問や意見を出させる。 ・一面的になってしまっている点やもっと深まりそうな点を指摘することで，よりよい改善案となるようにする。
	課題2　完全に条約改正を成功させるための改善案を陸奥外相に提案しよう。	
15分	4　他のグループや教師から受けた指摘を参考に，グループでさらに改善し，意見書の形式で表現する。	・意見書の書式をプリントで配る。 ・机間巡視を行い，指摘をふまえられていなかったり上手く表現できていなかったりするグループには支援を行う。 ・主張だけでなく，根拠やメリットなども記すよう指示する。
5分	5　完成した意見書を発表し合う。	・完成した意見書を発表させる。

4 授業展開例

導入では，前時の調べ学習の結果を報告し合います。期待される内容は以下のとおりです。

①陸奥外相の交渉方法や交渉戦略

　関税回復と領事裁判権撤廃を目指した案を掲げて交渉。政府内や議会からの反対により長期戦が不可能。

②当時のイギリスの状況や思い

　ロシアへ対抗するために協力者が必要。しかし，平等な条約は日本にはまだ早いと考えている。部分的な譲歩にとどまり，自分たちの優位の維持が理想。

③イギリス以外の列強の状況や思い

　ドイツやアメリカは対日友好姿勢をとったこともあったが，対日友好姿勢をとらなくなった。フランスやイタリアは，日本の条約改正を阻止したい。

④国内世論の要請

　不平等条約による様々な問題や不利益を受けているため，完全撤廃を望む。部分的な撤廃は許さない。

⑤政府と陸奥との関係

　陸奥が政府と合意を経ず交渉を始めたことや改正の内容そのものに不満をもっているため，非協力的。

　これらの情報を共有することで，それぞれの立場の状況が最低限理解でき，また様々な要因が重なって陸奥外相の交渉は部分的な成功にとどまったということが理解でき，次の課題につなげることができるでしょう。

課題1　陸奥外相が完全に条約改正を成功させるにはどうしたらよいか考えよう。

　本時の課題に取り組むため，前時に調べたそれぞれの事象を担当した生徒（専門家）が1～2人所属する5～6人のグループ（ジグソーグループ）を再編成します。生徒は自分が調べ学習をした事象に関しては詳細な知識を有していて，その事象から見た視点をもっています。異なる事象に関する専門家でグループを組み，それぞれが自分の個性を発揮することで，多様な視点から陸奥交渉の問題点や改善策を考えられます。

　考えた改善策は一度全体で交流し，他のグループからの疑問・意見や教師からの指摘を受けます。例えば，次のようになります。

〈歴史的分野〉

1　班　陸奥外相は国内の協力を得られていませんし，後ろ盾もないため，力が弱くイギリスと対等な交渉ができません。そこで，イギリスと交渉をする前に他の列強に協力してもらうといいと思います。以前友好的であったドイツやアメリカに協力を依頼するのがいいのではないでしょうか。

生徒A　ドイツやアメリカは以前は好意的だったけど，陸奥交渉の時期はそうではありません。本当に後ろ盾になってくれるのでしょうか。

生徒B　私は，ドイツやアメリカが友好姿勢をとらなくなったのは，日本と手を結ぶことにメリットを感じなくなったからではないかと考えます。なので，ただ協力を依頼するだけではいけないと思います。

教　師　皆さんが指摘したように，他国はメリットがないことに協力するということは考えづらいです。基本的に外交は，どちらの国にも利益があること（Win-Win）が理想です。ドイツやアメリカに協力してもらいたいなら，相手側の利益になるようなことを与える必要があります。どうすれば Win-Win になるか考えてみましょう。

　このように他のグループの意見を知ったり客観的な意見をもらったりすることで，自分たちの改善案の問題点やより深められる点を明らかにできます。

> **課題2**　完全に条約改正を成功させるための改善案を陸奥外相に提案しよう。

　課題2では，先の過程で出た疑問・意見や指摘を受けてより改善案を深め，意見書の形式で表現します。意見書の形式および記入例は以下のとおりです。

　　条約改正意見書
　　　　　（　）班

　完全な条約改正は、日本一国の力ではイギリスに押され、実現することが難しいと思われます。ですので、アメリカやドイツなどの比較的日本に好意的な態度が期待できる列強の国に協力を要請すべきです。協力をしてもらう代わりに、その国と契約を結び貿易の際その国の商品を優先的に買うなど、協力をしてくれる国にメリットのある契約を結び、双方が得をするように工夫するのが良いと思われます。

　そのように後ろ盾を得ることで、対等な立場でイギリスとの交渉に臨むことができ、条約改正を達成できるのではないでしょうか。

　最後に，上記の意見書を交流します。その際，主張だけでなく根拠やメリットも含めて発表させることで，より説得力があり実現可能な意見書になるよう工夫をさせます。

（茂松　郁弥）

歴史 　　歴史の中の天皇機関説を考える

明治憲法を通して立憲主義を考えよう

A　社会認識の形成をより重視した学習方法（「なぜ，どうして」の思考）		B　市民的資質の育成をより重視した学習方法（「どうしたらよいか，どの解決策がより望ましいか」の判断）			C　AとBの両方の学習成果の発信を重視した学習方法	
体験・追体験型	調査・研究型	討論・ディベート型	企画・提案型	問題解決・プロジェクト型	セミナー・ワークショップ型	総合的表現活動型
習得・活用・探究という学習プロセスの中での，問題発見・解決を念頭に置いた深い学び	○					
他者との協働や外界との相互作用を通じて，自らの考えを広げ深める，対話的な学び	○					
子供たちが見通しを持って粘り強く取り組み，自らの学習活動を振り返って次につなげる，主体的な学び	○					

1 授業のねらい

> 明治憲法を使って，立憲主義を説明できる。

2 授業づくりのポイント

　立憲主義には「権力を制約する」という意味もあります。このような概念は公民的分野で扱うものですが，歴史的分野でも学習します。国民主権の日本国憲法に対して，明治憲法は天皇主権で強大な天皇大権を有していたといわれますが，国務大臣の輔弼や副署を必要とする規定（第55条）もありました。東京帝大法学部教授美濃部達吉の天皇機関説は立憲主義的に明治憲法を解釈したものです。1912～13年の天皇機関説論争では，天皇主権説を主張した同じく法学部教授の上杉慎吉と対立しました。小学校の歴史の教科書や軍部では天皇は神，天皇主権と指導されましたが，政界等では美濃部説が定説とされ，所を変えて両説が使い分けられていたことをつかませることをとおして，立憲主義の概念を把握させます。

3 学習指導案

時間	生徒の学習活動	教師の指導・支援
15分	1　明治憲法の主権者を確認し，美濃部達吉の天皇機関説と上杉慎吉の天皇主権説の主張を知る。	・小学校の学習を思い出させ，日清戦争時に伊藤首相・陸奥外相が主導したことを伝える。両説と論争の様子の資料を読み取らせる。
	課題1　両説における憲法と，天皇や内閣，議会などの位置関係を図に示そう。	
10分	2　班の意見をまとめて黒板に提示してクラスで共有する。	・4人班で話し合わせて意見を一つにまとめさせる。判断した根拠も記入させる。
	課題2　1912～13年の雑誌『太陽』誌上での天皇機関説論争の勝者を予想しよう。	
10分	3　個人で予想する。次に班で交流し，班の意見をまとめて黒板に提示してクラスで共有する。 4　現在・戦前の歴史の教科書の冒頭部分を比較する。	・個人の予想を記述させたのち，4人ずつの班で話し合わせて意見を一つにまとめさせる。判断した根拠も記入させる。 ・戦前の小学校教科書は神話から始まっていることを確認させ，両説のいずれと関係があるかを考えさせる。
	課題3　なぜ政府は所を変えて天皇機関説と天皇主権説両方の説を使い分けたのでしょうか。	
13分	5　両説がどの場面で使用されたのかを考える。班でまとめ，全体で考えを共有する。	・天皇機関説は政府や役所で使われ（天皇が反対したとしても）政府が政治を主導し，天皇主権説は小学校や軍部で使用され，国民を服従させようとしたことを説明する。政府は両説を都合よく使い分けていたということが出てこなければ補足説明する。
2分	6　本時を振り返る。	・2015年の安倍政権の解釈改憲はどのようにとらえることができるのか，投げかける。

第2章　アクティブ・ラーニングを位置づけた中学校社会科の授業プラン

4 授業展開例

　小学校で「明治憲法下の主権者は天皇」と学習し，多くの生徒は明治憲法を絶対主義的にとらえています。導入で「日清戦争を主導したのは伊藤首相・陸奥外相で，明治天皇は最後まで日清戦争に反対していた」ことを伝えると，その認識が揺さぶられます。さらに明治憲法には東京帝大法学部教授美濃部達吉の天皇機関説（国家主権であり天皇も内閣等と同様一つの機関にすぎず，憲法の制約を受ける）と，同上杉慎吉の天皇主権説（天皇主権であり天皇は憲法の制約を受けない）の２つの解釈・学説があったことを紹介します。

課題1　両説における憲法と，天皇や内閣，議会などの位置関係を図に示そう。

　個人で考えさせた後に，班で話し合わせました。全部の班が機関説は憲法を上に記し，主権説は天皇を上に記して意見は割れませんでした。

課題2　1912〜13年の雑誌『太陽』誌上での天皇機関説論争の勝者を予想しよう。

　まず，個人で考えさせました。４割の生徒は上杉勝利と予想しましたが，半分強の生徒は美濃部勝利としました。一部の生徒は「わざわざ聞いているから」「論争の名前だから」と教師の意図を裏読みして美濃部勝利としたようです。個人の予想を記述させたのちに４人班で話し合わせました。

生徒A　戦前は天皇は神で天皇主権説だったから，戦後，GHQはそれを否定したのではないの？

生徒B　でも，日清戦争では明治天皇は反対していたのに伊藤首相と陸奥外相が主導して戦争している。天皇の権限が強そうでないから美濃部説の勝利ではないか。勝って結果オーライだし。

　班でまとめたものを黒板に提示させると，全９班のうち２つの班のみが上杉勝利でした。が，そのうちの１つが資料集で「天皇機関説の否定」を発見し，それを根拠に上杉勝利を主張すると，クラス全体が上杉勝利に傾きました。その後に教師が「資料集は1935年の話であり，1913年は機関説が勝利」を告げると，「どういうことなん？」と教室にどよめきがおこりました。

　戦前の小学校の歴史の教科書の冒頭を提示すると，さらに疑問は深まります。「天皇陛下の御先祖は天照大神と申す」と記述されています。

教　師	戦前の歴史の教科書はどの時代から始まっていますか？
生徒C	天照大神から。神話の時代から始まっている！
教　師	天照大神は天皇家の先祖といわれていました。この教科書の記述は，機関説と主権説のどちらに関係が深いでしょう。
生徒D	天皇は神で憲法の制約を受けない主権説。
教　師	美濃部は今でいう国家公務員試験の出題者を，上杉の倍以上の31回担当しました。ということは，試験の答案はどちらの説の側から書かなければ合格しませんか。
生徒E	天皇機関説。
教　師	そうですね。公務員や政治家，研究者の世界では天皇機関説が定説とされましたが，小学校の教科書は主権説が採用されていました。教科書を作成する役所は何省ですか。
生徒F	今の文部科学省。
教　師	そうですね。これはどういうことでしょうか？　役所，公務員の世界では機関説と主権説の両方が使われています。国民全体には天皇は神の子孫と教え込んでいます。軍隊はどうでしょうか。
生徒G	軍隊も天皇は神と言っていると思う。
教　師	そうですね。けれども，軍部にも陸軍省・海軍省という役所があります。

課題３　なぜ政府は所を変えて天皇機関説と天皇主権説の両方を使い分けたのでしょうか。

　ここでも個人で考えさせてから，４人班で話し合わせました。明治憲法は主権説というイメージが強い生徒は，「天皇を神といって国民（臣民）を従わせるため」という意見はすぐに出てきます。日清戦争の首相・外相主導の話と合わせると，政府が都合よく使い分けていることはすぐに出てくるでしょう。

5 評価について

　両説をそれぞれ「○の支配」と説明させます。○には漢字一文字が入ることを告げておきます。どの漢字一文字がはいるのか，なぜそのように考えたのか根拠を記入させます。宿題またはテストで出題してもよいでしょう。生徒はいろいろな漢字を記入するでしょう。その漢字をあげた根拠に蓋然性があればよいでしょう。

（粟谷　好子）

歴史	戦後の改革を考える

当時の文化を史料として戦後の民主化を読み取ろう

	A　社会認識の形成をより重視した学習方法（「なぜ，どうして」の思考）		B　市民的資質の育成をより重視した学習方法（「どうしたらよいか，どの解決策がより望ましいか」の判断）			C　AとBの両方の学習成果の発信を重視した学習方法	
	体験・追体験型	調査・研究型	討論・ディベート型	企画・提案型	問題解決・プロジェクト型	セミナー・ワークショップ型	総合的表現活動型
習得・活用・探究という学習プロセスの中での，問題発見・解決を念頭に置いた深い学び		●					
他者との協働や外界との相互作用を通じて，自らの考えを広げ深める，対話的な学び		●					
子供たちが見通しを持って粘り強く取り組み，自らの学習活動を振り返って次につなげる，主体的な学び		●					

1 授業のねらい

戦後に出版された書籍や映画，政治活動などの史料の読み取りをとおして，戦前に比べて人々が日本の問題について自由に意見を表現できる時代になったことを理解できる。

2 授業づくりのポイント

　本単元は，戦後の学習に入るための導入段階として位置づけられます。歴史的分野の学習では，学習する時代やテーマについて，教科書や資料集から多くの情報を集めさせることにとどまってしまいます。例えば戦後の改革をテーマにしたときでは，大日本国憲法と日本国憲法の条文の比較や，経済の民主化では財閥解体の説明などの多くの情報があります。またこれらの内容は，生徒にとって関心の薄い，当時の政治的・経済的なシステムについての学習になりがちであるため，生徒が戦後の民主化をなんとなくしか理解できない恐れがあります。

　よって，戦後の改革の授業に入る前に，生徒の興味がわきやすい当時の文化的事物から単元

の学習を始動し，当時の時代の特色をつかませることが大切です。そして単なる教師からの講義ではなく，生徒が自ら特色を理解できるようにいくつかの史料をじっくり読み取り，史料から読み取れることを説明できるようにすることも大切になります。これらの点を意識することで，生徒にとって主体的な，史料の読み取りを中心にした歴史学習が成立するでしょう。

3 単元計画案

次数	生徒の学習活動（学習課題）	教師の指導・支援
導入 （15分）	・第二次世界大戦後の日本がどのように変わっていくかを予想する。 ・戦前の日本における言論の自由について簡単に復習する。 ・戦後の出版物や諸運動を確認する。	 ・検閲などの言論弾圧の時代を思い出させる。 ・ゴジラや鉄腕アトムなどの制作，安保闘争など，国の政策決定に反対する人々が結集した事実を調べさせる。
	課題 戦後になぜゴジラが制作されるようになったのだろうか。	
展開 （30分）	・ゴジラのストーリーについて簡単に学習し，何を表現した映画なのかを話し合う。 ・当時の「第五福竜丸事件」や「ビキニ環礁」の概要について学習する。 ・再度学習した出版物や諸運動が戦後に起きた意味を，導入部で復習した言論弾圧と比較して考える。	・ゴジラが当時の水爆という社会問題と関連があったことを理解させる。 ・核の問題に対して人々が自分たちの思いを表現するようになったことを理解させる。 ・日本では戦前に国民に認められていなかった行為が認められるようになったことを理解する。
終結 （5分）	・戦前と戦後の比較をとおして，人々の言論の自由がどのように認められたのかを隣同士話し合い，文章でまとめる。	・民主化というキーワードを意識させて記述させる。

第2章　アクティブ・ラーニングを位置づけた中学校社会科の授業プラン　79

4 授業展開例

本時は次の学習課題から始まります。各場面での学習の実際を見ていきましょう。

> **課題** なぜ戦後に，ゴジラが制作されるようになったのだろうか。

導入では，これまで学習してきた第二次世界大戦が，日本がポツダム宣言を受諾したことで終結したことを確認します。その後，戦後の日本がどのように変わっていくのだろうかと問いかけます。それから子どもたちに，ゴジラの絵を見せ，彼らにもなじみのあるゴジラという作品が戦後しばらく経って登場するようになったことに気づかせます。教師はそこで子どもたちに「戦後になぜこのような作品が登場するようになったのだろうね」と問いかけます。例えば，以下のような声かけが考えられます。

教　師　君たちはこの作品を知っているかな。

生徒A　ゴジラだよ！　ゴジラは日本の有名な怪獣で，たくさん映画が作られているよ！

教　師　君たちは，ゴジラの最初の映画が作られたのっていつか知っているかな？

生徒B　いつからだろう。1970年代くらいじゃないかな。

教　師　実はゴジラの映画が最初に作られたのは1954年で，戦争が終わって10年も経たないころの映画なんだ。どうしてゴジラはこんな時代に制作されたんだろうね。

生徒C　どうしてだろう。何か理由があるのかな。

次に子どもたちは，ゴジラの作品が作られた理由を考えていくために，ゴジラの映画がどういうストーリーなのかを見ていきます。例えば子どもたちは次のようにストーリーを見ていくでしょう。

生徒A　ゴジラって，もともと海底で眠っていた怪獣だけど，水爆の実験によって目を覚まして，人々をおそいはじめる，という映画だったんだね。

教　師　みんなは水爆，というのを知っているかな。原子爆弾と呼ばれる爆弾よりも強力な爆弾のことなんだけど。

生徒B　水爆というのがとても強力な爆弾ということはわかったけど，それがどうして爆発したのだろう。

教　師　実はゴジラの映画が公開されていたときに，水爆の実験が日本では問題になっていたんだ。当時一体何があったのだろうね。

子どもたちは次のように，ゴジラという映画のストーリーを調べることで，ゴジラが当時の社会問題を反映した映画だということに気づきます。教師はここから，ゴジラから当時の歴史的背景へと視点を移し，当時の日本でどのような出来事が起こっていたのかを学習させます。ゴジラのモチーフになった事件に子どもたちは気づき，次のように話すでしょう。

生徒A　ゴジラのもとになった事件として，「第五福竜丸事件」というのがあるんだね。これは，水爆の実験場所の近くにいた漁船に乗っていた人が被爆するという事件だったんだ。

教　師　第五福竜丸事件だけではなくて，ビキニ環礁と呼ばれる場所では，核実験が何度も行われていたんだ。日本ではこういった出来事に対して，映画が作られるほかにどんなことが起きただろうか。

生徒B　日本は戦争中に原子爆弾を落とされていたこともあって，国内で核兵器に反対する運動が起こったんだね。

教　師　日本では戦争の後に核兵器に反対する運動や戦争に反対する運動が起こったね。ゴジラだけじゃなくて，漫画家の水木しげるや手塚治虫も自分の戦争の経験を伝えるマンガを描いていたり，安保闘争といわれる反対運動のような行動が起こっているね。彼らはなぜこのようなマンガを描いたり運動を起こしたりしたのかな。

生徒C　自分の戦争の経験を伝えたりして，平和を守っていくためかな。

教　師　こういった，戦争に反対するマンガを描いたり，運動を起こしたりすることは，戦争しているときにできただろうか。

生徒A　戦争中は，戦争に反対する漫画は描きたくても描けないし，運動は取り締まられたはずだよ！

教　師　その通り！　じゃあ，戦前と戦後では，人々の表現の仕方はどのように変わってきたのだろうか。それを考えよう。

　子どもたちはここで，戦後の人々が，核兵器や戦争に反対する作品を作ったり，集会を行ったりしていたことを理解し，それが社会の中でできるようになったことから，戦前と戦後の比較を行います。子どもたちは，戦前には許されていなかった，自分の意見や伝えたいことを社会に発信していく権利が人々に与えられたことに気づき，国家の「民主化」に着目します。

5 評価について

　評価については，例えば，民主化によって，戦争や核兵器に反対するメッセージを社会に発信できるようになった，といった「民主化について学習内容をふまえた説明になっているか」などの評価規準を明確にし，生徒に示すようにしましょう。　　　　（辻本　成貴・小川　征児）

| 歴史 | よりよい未来に向けて災害の歴史から考える |

伊達政宗の城下町づくりから災害への向き合い方を考えよう！

	A　社会認識の形成をより重視した学習方法（「なぜ，どうして」の思考）		B　市民的資質の育成をより重視した学習方法（「どうしたらよいか，どの解決策がより望ましいか」の判断）			C　AとBの両方の学習成果の発信を重視した学習方法	
	体験・追体験型	調査・研究型	討論・ディベート型	企画・提案型	問題解決・プロジェクト型	セミナー・ワークショップ型	総合的表現活動型
習得・活用・探究という学習プロセスの中での，問題発見・解決を念頭に置いた深い学び		●					
他者との協働や外界との相互作用を通じて，自らの考えを広げ深める，対話的な学び		●			●		
子供たちが見通しを持って粘り強く取り組み，自らの学習活動を振り返って次につなげる，主体的な学び						●	

1　授業のねらい

> 伊達政宗による防災を意識した仙台の城下町づくりの工夫を理解し，災害大国・日本に生きる私たちの災害に対する向き合い方を考えさせることができる。

2　授業づくりのポイント

　日本の先人たちはこれまで多くの災害を経験し，そのたびに様々な防災の工夫を生活に取り入れてきました。今回はその事例として城下町づくりを取り上げます。

　前時では，広島の城下町を事例として取り上げ，沿岸部に城下町を築くことによる利点を学習しました。本時では，仙台の城下町が広島とは違って内陸部に築かれた理由を防災の観点から探り，現代に生きる私たちの災害に対する向き合い方を考えます。

　また，①防災を自らの問題として主体的にとらえ，②他者と協力しながら社会へ還元できる人材を育てるために，協同的な学習活動を中心に据えた授業を展開していきます。

3 学習指導案

時間	生徒の学習活動	教師の指導・支援
5分	1 広島・福岡・仙台・札幌の街づくりを比較する。	・広島・福岡・仙台・札幌の古地図と地形図を併用して比較しながら，伊達政宗のつくった仙台が城下町であり，海の近くにない特徴的なものであることを確認する。
	課題1　なぜ伊達政宗は城下町を海の近くにつくらなかったのだろう？	
5分	2 課題1を提示する。仙台の色別標高図を配布して，城下町が段丘上に位置していることを確認する。	・個人で色別標高図の中のどの部分が城下町にあたるか地図作業させる。その後，個人で課題1への仮説を立てさせる。
10分	3 4人班を作って，個人の仮説を発表して共有し，班の仮説を立てる。	・個人で立てた仮説を他の班員に地図を用いて，説明することを心がけさせる。
5分	4 全体で考えを共有する。（課題1への仮説）	・複数の班を指名して，どのような意見が出たか，その理由とともにわかりやすく発表させる。
5分	5 東日本大震災の際に発生した津波の浸水範囲と城下町との位置関係をもとに，水害を避けて城下町をつくったことを理解する。（課題1への解答）	・班ごとに東日本大震災の際に発生した津波の浸水範囲を示した地図を配布して，確認する。・戦のときに防衛しやすい地形的特色を活かしていることにも触れる。
	課題2　私たちの災害への向き合い方を考えよう。	
5分	6 なぜ伊達政宗は仙台平野には津波が来る危険があることを知っていたのか，班ごとに考えさせて全体で共有する。	・班の全員に意見を出す機会をつくる。その中で班としての意見をまとめさせる。・班の意見を発表したのちに，『日本三代実録』貞観11（869）年5月26日条の記録を見せて，伊達政宗が過去の災害から学んで城下町をつくった可能性があることを確認する。
10分	7 課題2を提示する。東日本大震災による仙台平野の被害前後の写真比較から得られる災害への教訓を考える。	・「なぜ伊達政宗が城下町をつくらなかった地域に人が住んでしまったのか？」「同じことを繰り返さないためにどのようなことができるか？」という問いに対して班全員で積極的に意見交換をさせる。
5分	8 全体で考えを共有する。（課題2への意見）本時の学習を振り返る。	・各班にホワイトボードを配布し，班ごとに意見を記入させたのちにそれらを黒板に貼ることで全班の意見が共有できるようにする。・学習を振り返り，まとめる。

4 授業展開例

前時では，江戸初期の広島の城下町絵図を使い，城下町にみられる「防衛」の工夫を読み取る活動をしました。生徒からは①「城の周りに多くの水路（堀）を作ること」②「川を天然の堀として利用すること」③「海を天然の要塞として利用すること」などの意見が出ました。

城下町づくりは①～③のような工夫により，「戦から町をいかに守るか」ということが大きな課題だったこと，また「防衛」だけでなく，海や川，堀を利用して，人員・物資の輸送を行い，貿易を活発に行っていたことを学びました。

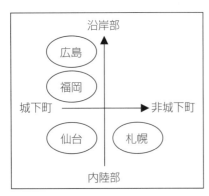

本時は，まず前時で学習した広島と福岡・仙台・札幌の4つの古地図を比較し，2つのグループに分ける活動を行いました。生徒のグループ分けをまとめてみると，図のように①地理的要素（沿岸部か内陸部か）②歴史的要素（城下町かそうでないか）の2つの軸で整理でき，仙台だけが「内陸部につくられた城下町」であることがわかりました。前時で学習したように沿岸部に城下町をつくることには軍事的・経済的な利点があるはずなのに，なぜ伊達政宗はあえて仙台の城下町を内陸部につくったのか，課題1を提示しました。

課題1 なぜ伊達政宗は城下町を海の近くにつくらなかったのだろう？

最初に，仙台市の色別標高図（色によって標高がわかる図）を配布して，城下町が海から遠く，標高の高い段丘上にあることを確認しました。

次に，課題1に対する答えをまず個人で考え，後に4人班をつくって話し合うことにしました。個人思考と集団思考の時間を分けたのは，事前に個人で意見をもっていた方が班で発言しやすく，議論が活発になるからです。班活動では議論を円滑に進めるために，①地図を用いるなど工夫して班員4人が一人ずつ順番に自らの仮説を発表し，②まとめ役のリーダーを決めて，話し合いながら班の仮説を構築する，という流れで行いました。班での仮説を全体で発表させたところ，大きく2つにまとめることができました。

○山に囲まれている段丘は，攻められにくいからではないか。　　　　　（防衛）
○仙台平野は津波の危険性があり，その危険を避けるためではないか。　（防災）

これらの仮説を①仙台城の絵図　②東日本大震災の津波浸水範囲図を配布して班ごとに検証

し，「防衛」と「防災」を意識した城下町づくりの工夫を確認し，課題1を終えました。

課題2　私たちの災害への向き合い方を考えよう。

　課題2への導入としてまず，「なぜ伊達政宗は仙台平野に津波の危険があることを知っていたのか」を考えました。班ごとの意見を発表したところ，「津波を経験していたからではないか」との意見が出ました。そこで，城下町づくり以前に東日本大震災と同様の津波被害記録があることを示しました（『日本三代実録』）。すると，伊達政宗は過去の災害の事実を学び，それをふまえたうえで城下町づくりを行ったのではないかとの考えが生まれました。

　そして，東日本大震災以前の仙台平野の写真を提示し，課題2へと展開していきました。

教　師　東日本大震災以前の仙台平野には家がつくられているね。津波でどうなったのかな？
生徒A　もしかして，家がなくなった……？
（東日本大震災後の写真提示）
教　師　津波によって，何もかも流されてしまっているね。
生徒B　このような被害が出ることはわかっていたはずなのに……。
教　師　そうだね。では危険地域に家がつくられてしまった理由を班で考え，発表しよう。
班　A　人口が増え，居住地確保のために都市を拡大してしまったのではないでしょうか？
班　B　伊達政宗と違い，過去の災害の有無を調べなかったことが原因だと思います。
教　師　きっとそうでしょうね。では，同じことを繰り返さないためにどのようなことができるでしょうか？　班で考え，発表しましょう。
班　C　今回の災害を記録や石碑などで各地に残して，次の時代に役立ててもらいたいです。
班　D　何よりも「命を守る」ことを最優先に考えることが非常に重要だと思います。
班　E　今住んでいる地域の「地理」や「歴史」をきちんと学ぶべきだと思います。
教　師　伊達政宗の行動は，現在の私たちに大きな教訓を与えていますね。

　東日本大震災や広島豪雨土砂災害の映像を見ていた生徒が多く，「防災」を自らの問題として考えることができました。また，班活動を中心にした協同的な学習過程を歩むことで，他者と協力して問題解決に挑む生徒の主体的な学習姿勢を保つことができました。

　次時では，本時をふまえて新しい仙台の街づくりを班ごとに考えて発表しました。「防災」を意識した街づくりプラン（内陸部の開発と高台への移住，副都心の構築，危険地域の農地利用など）が出され，災害と向き合って生きるために必要なことを共有できました。

（弘胤　佑）

| 公民 | 現代社会の特質を考える |

代理出産は認めるべき？
～合意づくりにチャレンジしよう～

	A　社会認識の形成をより重視した学習方法（「なぜ，どうして」の思考）		B　市民的資質の育成をより重視した学習方法（「どうしたらよいか，どの解決策がより望ましいか」の判断）			C　AとBの両方の学習成果の発信を重視した学習方法	
	体験・追体験型	調査・研究型	討論・ディベート型	企画・提案型	問題解決・プロジェクト型	セミナー・ワークショップ型	総合的表現活動型
習得・活用・探究という学習プロセスの中での，問題発見・解決を念頭に置いた深い学び			○				
他者との協働や外界との相互作用を通じて，自らの考えを広げ深める，対話的な学び			○				
子供たちが見通しを持って粘り強く取り組み，自らの学習活動を振り返って次につなげる，主体的な学び				○			

1 授業のねらい

代理出産の是非について，グループで合意をつくり出すことができる。

2 授業づくりのポイント

　医療技術の発達と，ライフスタイルや価値観の変化に伴い，私たちの生と死をめぐる様々な問題が議論されています。この授業では，近年注目されている生殖医療から代理出産を取り上げ，その是非をめぐる合意づくりを行います。

　この授業は，立場の違いが合意を困難にしている状態と，そこから合意に至る過程を生徒が体験することで，視点のすれ違いを克服し，粘り強く合意を目指す姿勢と，その方法を身につけることを目指しています。そのために，①まず生徒に一方の立場で理解を深めさせ，②一方の立場から主張し合うだけでなく，立場を入れ替えることで視点の違いを整理し，③双方が歩み寄れる条件を考えるという3点を軸に協同学習を行う構成になっています。

3 学習指導案

時間	生徒の学習活動	教師の指導・支援
5分	**活動1** 自分の15〜65歳のライフプランを作ろう。	・職業や結婚，子育てなどについて，どのような人生を歩みたいか，年表に記入させる。
3分	**活動2** 「孫を代理出産」という記事から，何が問題になっているか発表しよう。	・不妊に悩む夫婦の希望を叶える方法として代理出産が行われている一方で，法律では代理出産についての国の方針が定められていない現状を読み取らせる。
5分	学習課題を設定する。「代理出産を法律で認めるべきか」	・ライフスタイルの変化に伴って，不妊に悩む夫婦が増加しているという現代社会の特質をふまえ，生徒の将来にかかわる問題として学習課題をとらえさせる。
10分	**活動3** 各自，指定された立場で様々な事例を読み解き，それぞれどのような視点を重視しているか読み取ろう。	・生徒を賛成・反対の立場にそれぞれ割り当てる。 ・賛成・反対それぞれ以下のような視点を引き出せるようにする。 【賛成】 ・代理母以外に子を持つ手段のない女性がいる。 ・実際に代理母出産が行われている現状をふまえれば，法律によって認められるべきである。 【反対】 ・代理母にとって，健康上のリスクがある。 ・生命の誕生に人間の技術が介入するべきではない。 ・複雑な家族関係を生む原因になる。
10分	**活動4−1** グループで，代理出産を法的に認めるべきか否かについて，主張し合おう。	・賛成・反対それぞれ2人ずつ計4人のグループをつくり，指定された立場から議論する。
5分	**活動4−2** 立場を入れ替えて，相手が今までしていた主張を自分の言葉で再現しよう。	・論題に対し，どちらの立場からも論理的に主張させることで，論題に対する理解を深めさせる。
10分	**活動5** お互いの立場から歩み寄れる条件を探し，合意を形成しよう。	・双方の立場を考慮し，条件を提案し合いながら，合意点をつくり出す。たとえば，以下のような条件が引き出されることが想定される。 　・代理母と血縁関係があるかどうか 　・生まれた子どもが戸籍上誰の子どもとなるか 　・代理母の健康上のリスクをどう考慮するか
2分	**活動6** グループの議論と現実の社会の議論を比べてみよう。	・2007年最高裁の判断を示し，現代社会に残された課題を確認し，授業のまとめとする。

第2章　アクティブ・ラーニングを位置づけた中学校社会科の授業プラン　87

4 授業展開例

　活動３では，クラスの半分を「賛成の立場」に指定し，新聞記事など様々な資料を配布します。同じように残りの半分を「反対の立場」に指定し資料を配布します。それぞれの資料は，主張の異なる別のものを用意しても，同じ資料を別の視点で読み取らせてもどちらでもよいでしょう。

活動４－１　グループで，代理出産を法的に認めるべきか否かについて，主張し合おう。

　活動４－１では，生徒一人一人が自分に与えられた立場で十分に資料を読み取った後に，賛成・反対それぞれの立場の生徒を２人ずつ含む４人グループを組み，それぞれの主張がより正当であることを，根拠を明示して相手が納得するように主張させます。このとき，互いに質問する時間を設けてもよいでしょう。

生徒Ａ（賛成）　　代理出産以外に子どもを持つ手段がない人もいるよ。困っている人を救うのが医療の役割なんだから，技術があるなら積極的に利用するべきだよね。

生徒Ｂ（賛成）　　実際に国内でも代理出産が行われているんでしょ。それを法律で認めることは自然なことだし，すぐにやったほうがいいと思うよ。

生徒Ｃ（反対）　　反対側が最も重視したいのは，代理母の健康上のリスクなんだ。それに，生命の誕生に人間が介入するべきではないと感じる人も多いよ。

生徒Ｄ（反対）　　さっきの祖母が孫を産んだ事例を考えてみてよ。複雑な家族関係を生む原因にもなる代理出産は賛成できないなあ。

活動４－２　立場を入れ替えて，相手が今までしていた主張を自分の言葉で再現しよう。

　活動４－２では，それぞれの立場からの主張を終えた後，立場を入れ替えます。今まで相手がしていた主張を自分なりに整理し，自分の言葉で再現することで論点を深く理解し，相互の立場からの様々な視点をふまえた議論が可能になります。賛成側の主張をしていた生徒ＡとＢは反対側，反対側の主張をしていた生徒ＣとＤは賛成側の主張を行います。

生徒Ａ（賛成→反対）　　この問題の大きな論点は，代理母となった人の健康上のリスク。これがクリアされなければ，賛成はできないな。

生徒Ｃ（反対→賛成）　　でもさ，実際に国内で実施されているということは，健康上のリスクを克服する手立てもあるんじゃないかな。そう考えると，賛成できるよ。（以下略）

〈公民的分野〉

> **活動5 お互いの立場から歩み寄れる条件を探し，合意を形成しよう。**

　活動5では，賛成グループも反対グループも合意できる条件づくりを行います。以下は，合意づくりの一例です。

生徒A 私は，代理母を親族に限定すれば，トラブルは減ると思うんだけど。
生徒B でも，親族が代理母になることで家族関係が複雑になると指摘している人は多いよ。
生徒C 誰が代理母になるかというのが，一つの条件になりそうだね。
生徒D だけど，親族に女性が少ない人もいるだろうね。だから僕は，合意できていれば原則として親族ではない女性にするほうがいいと思う。

　このようにして，このグループは「代理母は親族以外の女性にする」を一つの条件として設定しました。このグループは，続けて次のような合意づくりを行いました。

生徒A 代理母の健康上のリスクはどうすればいいかな？
生徒C それなら，年齢制限を設ければいいかもしれない。
生徒B 何歳までにするかはもう少し科学的なデータを調べる必要がありそうだね。
生徒D これまでに出た条件が守られるなら，代理母を認めることに私たちは賛成できるね。

　以上のような合意づくりを通して，このグループでは，「代理出産は法的に認められるべき。ただし代理母は親族以外で，年齢制限を設けることが条件となる」という合意を導き出しました。さらに，年齢制限を何歳までにするかは，さらに調査を行ってから決めることにしました。

　活動6では，現実の法整備がどうなっているか確認します。2007年3月に最高裁は，「遺伝的なつながりのある子を持ちたいという真摯な希望と，他の女性に出産を依頼することについての社会一般の倫理的感情を踏まえ，立法による速やかな対応が強く望まれる」と述べました。それから9年が経ち，法整備が大きく進んだとは言えません。今日，医療の進歩とライフスタイルの変化がさらに進み，一層重要性が増したこの問題について，グループでの合意は現代社会の抱える問題に応えられるか振り返りを行い，授業の終結とします。

（岩下　真也・木坂　祥希）

| 公民 | 現代社会の課題を考える |

マイナス金利って何？
～ディベートと社説作成を通じて～

	A　社会認識の形成をより重視した学習方法（「なぜ，どうして」の思考）		B　市民的資質の育成をより重視した学習方法（「どうしたらよいか，どの解決策がより望ましいか」の判断）			C　AとBの両方の学習成果の発信を重視した学習方法	
	体験・追体験型	調査・研究型	討論・ディベート型	企画・提案型	問題解決・プロジェクト型	セミナー・ワークショップ型	総合的表現活動型
習得・活用・探究という学習プロセスの中での，問題発見・解決を念頭に置いた深い学び		●					
他者との協働や外界との相互作用を通じて，自らの考えを広げ深める，対話的な学び			●				
子供たちが見通しを持って粘り強く取り組み，自らの学習活動を振り返って次につなげる，主体的な学び							●

1 授業のねらい

> マイナス金利の理論を理解し，政策の是非を議論できる。

2 授業づくりのポイント

　マイナス金利の理論について学び，自らの意見をもてるようにする授業です。経済分野は論理的に理解することが重要ですが，そこに苦手意識を感じる生徒も多いです。また，単に知識や理論を学ぶことに終始し，そこに自分の意見をもつところまでいきにくいのが現状です。そこで，時事的な内容を，公民分野で学習する金融の知識の中に体系付けて議論することで，経済分野に対しても自分なりの意見をもてるようにするのが授業のねらいです。前半はペアワークを中心にして理論を理解させ，苦手意識を感じている生徒も学び合える環境をつくります。後半は班単位でディベートの準備をし，実証的に学ぶプロセスをとおして，自分なりの意見を形成し，最終的には各個人で社説にまとめます。

3 学習指導案

時間	生徒の学習活動	教師の指導・支援
第1時	課題1　金融政策の流れから，マイナス金利の導入理由を説明できるようになろう。	
10～20分	1　金融政策を復習する。	・日銀の3操作の内容，変遷をまとめ，金融政策が公定歩合中心から公開市場操作中心に移り変わった点を確認させる。さらに，2016年にはマイナス金利が導入されたことを伝える。
10分	2　マイナス金利導入の理由を考える。	・お金の量を殖やしても，市中銀行が日銀に預けては意味がないという問題点を理解させる。 ・この問題点を解決するために，マイナス金利が導入されたことを，自分の言葉で説明させる。 ・経済に苦手意識がある生徒には，わかっている生徒との学び合い，教え合いを通じて理解を深める。
	課題2　マイナス金利の是非を議論し，社説にまとめよう。	
5分	3　ディベートをする際の論点を整理する。	・マイナス金利の是非を，「景気を回復させる策として有効か否か」という論点に絞る。
10～15分	4　マイナス金利のメリット・デメリットを考えさせる。	・必要に応じて参考資料を提示し，主張の骨子までできるとよい。
5～10分	5　次時までに，議論する際の資料を準備するよう伝える。	・「根拠となる資料を集めること」と，「調べた文献の内容を自分なりに理解すること」を重視する。
第2時 20分	6　集めた内容を班で共有し，まとめる。	・適宜，机間巡視する。生徒が十分に理解していない点を説明し，必要に応じて全体に共有する。
30分	7　立論・質疑反駁・最終弁論を考える。	・「調べた資料を根拠として用いること」と，「誰が読んでもわかる文章」を心がけさせる。 ・追加で必要なデータや資料を，次時までに調べ，原稿にしておくようにする。
第3時	8　ディベートを行う。	・審判役の生徒にも論旨をまとめさせる。
第4時	9　結果をもとに，自分の意見を社説形式にまとめる。	・自分の意見を一方的に言うだけでなく，根拠を明確にし，相手側の意見をふまえたうえで論じさせる。 ・できた作品は掲示し，生徒に感想や評価を書かせたり，投票してグランプリを決めるとよい。

4 授業展開例

金融の仕組みに関する基本的な知識を学んだ後に実施します。

課題1　金融政策の流れから，マイナス金利の導入理由を説明できるようになろう。

　適宜，補助線となるヒントを出して「何を考えなければならないか」を明確にすると，経済が苦手な生徒でも考え始めるきっかけになります。

教　師　この前授業で勉強した金融政策は，どう移り
　　　　　変わったか覚えていますか？

生徒C　ええと，「公定歩合操作」から，「公開市場操
　　　　　作」に変わった……？

生徒A　ゼロ金利状態だったからだよね！

教　師　そう！　でも，「なぜそうなると変わるのか」
　　　　　という説明までできますか？

生徒A　景気を良くするためには，世の中のお金を多
くする必要があるから，公定歩合操作では金利を下げてお金を殖やそうとした。けど，金利がゼロになってこれ以上下げられないから，他の手段が中心になっていったんだよね。

教　師　では，「公開市場操作」は何が問題なのかな？　なぜマイナス金利が必要なのかな？

生徒B　景気が良くならなかったから……？

生徒C　そうか，公開市場操作で市中銀行のお金の量は殖えるけど，それを日銀に預けていたから世の中のお金が殖えなかったんだ。だから，「日銀に預けすぎてはだめですよ」という意味でマイナス金利を導入したんだ！

生徒B　あ，すごい！　理由がちゃんとつながっているんだね。

　金融政策に関する基本知識の振り返りをしっかり行っておき，上の写真のような概念図を使うと，政策の変遷が理解しやすく，生徒同士でも考えやすいようです。それまでの生徒の理解度によって必要な時間が変わってきますが，後の議論を考えると，ここは丁寧に押さえる必要があります。また，複数人で考えることで学び合いや教え合いのきっかけになり，個人で悩むよりも苦手意識が薄れ，ディベートへの参加率も高まります。

92　〈公民的分野〉

> **課題2　マイナス金利の是非を議論し，社説にまとめよう。**

　ディベートをする際に議論がかみ合うよう，今回は「マイナス金利の導入で，世の中のお金（マネーストック）が殖えて景気が良くなるかどうか」という表現で問題意識を統一しました。その後，マイナス金利のメリットとデメリットを考えます。必要に応じて資料や論点をこちらから提示し，ディベートの骨子になる主張を描かせます。例えば，否定側の主張としては，「マイナス金利では世の中のお金は殖えない。なぜなら，銀行の貸し渋りを変えるきっかけにはならないからだ」などが考えられます。

　その後，資料を自宅で調べてくるように指示します。自宅で調べる際は「できるだけデータを集めること」と，「資料を自分の言葉で理解してくること」が重要です。具体的には，先にマイナス金利を導入している欧州などの事例を調べさせることなどが挙げられます。可能であれば銀行の貸し出し状況の変化や，マネーストックの推移がわかるデータを調べてくるよう伝えます。ほかにもローンや預金の金利の変化を切り口にすることも可能です。第2時までに主張の方向性が決まっていれば，双方の主張の大枠をあらかじめ共有します。そうすると，的確な反論が準備できるなど，かみ合った議論が期待できます。

　次の授業では，自ら調べてきたものをまず班で共有し，主張の論拠や反論，最終弁論の準備をさせます。準備に時間がかかりそうな際は，あらかじめ下書きを課題にします。

　ディベートでも，「データや資料などを用いて的確に論証しているか」と「自分の言葉で論理的に説明できているか」を重視させます。これは，経済のディベートを行うと，調べてきた資料やデータをそのまま読み上げたり，抽象的な理論の繰り返しになることが多いからです。また，聴衆に対しては，メモ用のプリントなどを配布し，しっかりと主張を読み取らせ，まとめとして行う社説につなげられるようにします。

　ディベート後は，一人一人の考えを再構築してまとめるために，社説を書かせます。明確な根拠をもって自分の意見を述べることと，相手側の主張をふまえたものにするように指示をします。成果物はクラスや学年で掲示し，投票形式で優秀作品を決めたり，感想を書かせることで，学習のまとめになります。単にディベートだけで終わらせず，各個人が必ず文章や口頭で学習をまとめる活動をつくることで，より主体的に各活動に参加させることができます。

（日高　正樹）

公民　　　選挙制度について考える

民主政治と政治参加
～課題発見・解決学習の導入として～

	A　社会認識の形成をより重視した学習方法（「なぜ，どうして」の思考）		B　市民的資質の育成をより重視した学習方法（「どうしたらよいか，どの解決策がより望ましいか」の判断）			C　AとBの両方の学習成果の発信を重視した学習方法	
	体験・追体験型	調査・研究型	討論・ディベート型	企画・提案型	問題解決・プロジェクト型	セミナー・ワークショップ型	総合的表現活動型
習得・活用・探究という学習プロセスの中での，問題発見・解決を念頭に置いた深い学び							○
他者との協働や外界との相互作用を通じて，自らの考えを広げ深める，対話的な学び				○			
子供たちが見通しを持って粘り強く取り組み，自らの学習活動を振り返って次につなげる，主体的な学び				○			

1 授業のねらい

　現在行われている選挙の資料から問題点を読み取り，その問題を改善する提言を作成するための課題を設定することをとおして，主権者になるという自覚や，主体的に政治に参加しようとする姿勢を高めることができる。

2 授業づくりのポイント

　主権者教育の重要性も高まる中，生徒が今後，どのように国の意思決定に参加するか，そのためには何をすべきなのかを主体的に考えることが重要です。そのベースとして，選挙制度の問題点について考察し，改善案を提言させるという，主体的に課題を発見し，解決策を考えさせる単元の開発を行いました。本時はその導入部分ということで様々な資料の中から改善点を発見させ，誰に対して，どのように提言するか考える授業を開発しました。

3 学習指導案

時間	生徒の学習活動	教師の指導・支援
10分	1　生徒会長選挙のときに，候補者が「アイスクリーム」「宿題」「休み時間」をキーワードとして掲げたとき，誰に投票するか，考え，理由を述べる。	・時間をかけずに，直感で考えさせ，選択するときに情報が必要であることに気づかせる。
	課題　選挙の問題点を見つけ，誰に，どのようなことを提言するかを考えることができる。	
10分	2　選挙に関するアンケート結果から，選挙に関わる問題点を整理する。 3　グループごとに資料から読み取れた問題点を交流する。	・投票者・立候補者・政党・メディア・選挙管理委員会などの立場から多面的に資料を読み取らせる。 ・グループ内で複数の資料を分担し，それぞれのデータから読み取れた内容を紹介し合わせる。
15分	4　選挙についての提言の骨子を作成する。	・「誰に対して」「どのような提言」を行うか，そのためには「どのような情報が必要か」などの提言の骨子をまとめさせる。 ・少人数グループ内で自分が分析した内容の要点を整理して，伝える。
8分	5　今後の学習の内容を確認し，学習した内容を生かして，選挙についての提言を作成し，評価していくことを確認する。	・評価する際には，提言の骨子で4人グループにおいて決定した，対象やその対象に合った内容が評価するポイントであること，相互評価していくことなどを確認する。
2分	6　次時の内容を確認する。	

4 授業展開例

　本時は，「民主政治と政治参加」の単元の導入の時間として行いました。単元の流れとしては，「投票者」「立候補者・政党」「メディア」「選挙管理委員会」の立場から選挙の問題点を挙げさせ，この4者のうち，誰に対して，どのような提言をするのかという大きなテーマを掲げました。第1次は本時です。第2次は教科書や資料集などにある選挙制度やメディアの働き，政治参加の在り方についての情報を集めます。第3次は第2次で学習した情報を分析し，自分たちの提言に必要な情報を整理します。第4次は整理・分析した情報を提言の形にまとめ，少

人数グループで提言を発表し合います。第5次は他のグループの発表から，自分たちの発表を振り返り，その後に国会，内閣，裁判所および地方自治について学習する際のそれぞれの生徒の興味・関心のポイントや留意点をまとめさせます。

　このような全5時間の単元の導入として本時の授業を行いました。

　本時の導入部である学習活動1では，アメリカの主権者教育で行われている題材を参考に生徒会長選挙を例として挙げ，選挙において情報が非常に重要であることに気づかせました。キーワードとして「アイスクリーム」「宿題」「休み時間」を挙げ，そのキーワードのみで誰に投票するか，直感的に選ばせました。すると「アイスクリーム」「休み時間」に投票する生徒が多くいました。その後，実際の選挙公約を発表します。「牛乳の代わりにニンニク味のアイスクリームを配ります」「週末の宿題をなくします」「休み時間に腹筋運動を義務づけます」。このように選挙で投票するときにはしっかりとした情報を得ることで自分なりに正しい判断ができることに気づかせました。そのことも含め，「投票率の低下」をメインテーマに据え，選挙の問題を見つけ，誰に，どのような提言をするかを考えさせました。単元とおしてのテーマとなりますが，スライドショーを使った提言をつくるというゴールをもたせることで，提言を出す相手を意識した学習に取り組ませました。

　展開部1にあたる学習活動2〜3では，選挙に関するアンケート結果から，選挙に関わる問題点を整理させ，少人数グループごとに読み取った内容を交流させました。準備した資料は10個のグラフや統計の資料です。その資料をグループ内で「投票者」「立候補者・政党」「メディア」「選挙管理委員会」の4つの立場に分担し，10個の資料の中から問題点として挙げられそうな内容を読み取らせました。そして，グループ内でその読み取った内容を意見交換させました。

　資料の難易度も数種類準備してあったので，読み取りが困難な生徒に対しては難易度の易しい資料を用いるように支援しました。また，習熟度の高い生徒に対しては複数の資料を関連づけたり，複数の立場からみた問題点を挙げたりするように助言しました。

　展開部2にあたる学習活動4では，展開部1で意見交流した選挙の問題点からグループとして，「誰に対して」「どのような提言」を行うかを考えさせました。また，提言をよりよいものにするために追加で「どのような情報が必要か」についても話し合わせました。

　提言する相手としては「投票者」「立候補者・政党」「メディア」「選挙管理委員会」の4者で，「どのような情報が必要か」については教師側で準備することにしました。

（小人数グループ学習の机間指導中の会話）

教　師　それぞれの担当の意見交流は終わりましたか？

生徒A　終わりました。

教　師　意見交流をした中で，一番興味をもった内容がありましたか？

生徒B　Cさんの意見に興味をもちました。

教　師　Cさんはどんな意見を紹介しましたか？

生徒C　私は，「メディア」の視点からの問題点を紹介しました。資料から，若者はソーシャルメディアなどをとおして，情報に触れます。また，政党や候補者の情報や選挙そのものについて発信はされていますが，それが十分に投票へ行く行動と結びついていません。

生徒D　だから，メディアがどのように発信すべきか，ということに興味をもちました。

教　師　いい視点ですね。普段は何気なく接しているメディアについて，選挙や政治活動と結びつけた視点はとても重要です。この内容で今後の学習活動を進めていってはいかがでしょうか？

　　会話部分で紹介したように，各グループでの活動において，普段は見落としがちであった視点やアイディアが出てきて，学習に広がりと深みがみられました。

　　しかし，展開部１でメンバーがそれぞれ資料をしっかり読み取れているグループは意見が活発に出されましたが，習熟度に大きく差のあるグループは習熟度の高い生徒の調べた相手がグループとしての提言相手となりました。その場合でも自分で調べた内容を相手に伝えられたことに対しては自己評価が高くなりました。

　　終末部である学習活動５では，評価についての確認を行いました。提言を作成する際には，「提言する相手」，その「問題点」，「提言の内容」が一致することが評価のポイントになることを確認しました。

5 評価について

　　この単元を開発する際に，ワークシート集を重視しました。それぞれの時間で配布するのではなく，単元全体のワークシート集を配布することで生徒が次の単元ではどんなことをするのかの見通しをもち，学習に取り組むことができました。ワークシートは思考ツールを用いた各時の学習内容と自己評価を１〜２ページで構成しています。そのワークシートをポートフォリオ的に活用することで，生徒の思考がどのように変化してきたかをとらえることができました。

　　また，提言を行うというパフォーマンス課題を設定したので，誰に対して，どの資料を用いて，どのように提言しているかについても評価することができました。ズレがみられるグループもありましたが，評価を伝えることで，次回の学習活動において資料の読み取りについての助言ができ，生徒がより深く学習活動に取り組むことができるようになりました。　　（柳　　雄輔）

公民　　　　　　　　　　　　　二院制を考える

二院制の実際と本質から よりよい立法府の姿を考えよう

	A 社会認識の形成をより重視した学習方法（「なぜ、どうして」の思考）		B 市民的資質の育成をより重視した学習方法（「どうしたらよいか、どの解決策がより望ましいか」の判断）			C AとBの両方の学習成果の発信を重視した学習方法	
	体験・追体験型	調査・研究型	討論・ディベート型	企画・提案型	問題解決・プロジェクト型	セミナー・ワークショップ型	総合的表現活動型
習得・活用・探究という学習プロセスの中での、問題発見・解決を念頭に置いた深い学び		○					
他者との協働や外界との相互作用を通じて、自らの考えを広げ深める、対話的な学び				○			
子供たちが見通しを持って粘り強く取り組み、自らの学習活動を振り返って次につなげる、主体的な学び		○					

1 授業のねらい

> 二院制の意味を理解し、日本の二院制についてよりよい制度を考察できる。

2 授業づくりのポイント

　社会科の授業にアクティブ・ラーニングを位置づける場合に重要なことは、授業をとおして生徒の知識が成長し、思考力が高まっていき、より合理的な事実判断や価値判断ができるようになっていくことです。生徒が活動すること自体を目的化するのではなく、生徒の知識を成長させたり、思考力・判断力・表現力を高めたりするための手段として位置づけることが必要であると考えます。

　本授業「二院制を考える」では、グループでの学習活動を、単純な情報の取り出しを行う活動から、より高度な思考・判断を求める活動へと進めていくことで、生徒の思考を深めさせ、二院制に関する知識を成長させることをねらいとしています。

〈公民的分野〉

3 学習指導案

展開	教師の働きかけ （主な発問，指示）	資料	生徒の学習活動 （学習活動，到達させたい学習内容）
1時間目	・社会におけるさまざまな法律はどのようにしてつくられているか。 ・国会はどのような構成になっているか。		・憲法上，国会が唯一の立法機関であり，法律は国会で制定される。 ・日本は二院制を採用しており，衆議院と参議院からなっている。
	課題1　日本の二院制について調べてまとめよう。		
	○日本の二院制はどのようになっているか。ワークシートにまとめよう。 ・国会とはどのような機関か。 ・衆議院，参議院はそれぞれのような構成になっているか。 ・衆議院，参議院の二院でどのようにして法律がつくられるのか。 ・両院の議決が異なった場合にはどうなるのか。	教科書など	○ワークシートの空欄を補充する形式で，グループごとに教科書や資料集，憲法の条文などで調べてまとめる学習を行う。 ・生徒同士で教え合ったり，確認し合ったりしてワークシートにまとめていく。 ・国会の機能と権限や衆議院・参議院の構成，立法過程，衆議院の優越などのしくみを習得し説明できるようにする。
2時間目	**課題2　日本の二院制においてどのようなことが問題となっているかを見出そう。**		
	・一院制への移行を訴える主張があることを紹介する。 ○なぜ一院制への移行を訴える主張があるのか。日本の二院制がどのような課題をもっているかを考えよう。 ・資料のような状況ではどのようなことが問題となるか。 ・自民党の一党優位時代における国会はどうであったのか。どのような問題があったか。 ・「ねじれ国会」の時期における国会はどうであったのか。どのような問題があったか。	① ② ③	・資料を読んで一院制論（参議院不要論）の論点を知る。 ○資料を読み解きながらグループで分析し，日本の二院制において実際にどのような問題が生じているかを見出す。 ・2つの時期における衆参両議院の議席構成や法律案の可決状況などの資料から，どのようなことが起こるかを予想しグループごとに発表する。 ・実際にどのような状況であったかを資料で確認する。 ・「参議院カーボンコピー論」「強い参議院論」についての知識を習得し，この2つの視点から日本の二院制の課題をまとめる。
3時間目	**課題3　なぜ多くの民主主義国家で議会に二院制が採用されているのかを考えよう。**		
	・二院制にはどんな意味があるのか。 ・2度審議するということに意味があるのか。それとも他にあるのか。 ○なぜ二院制が採用されているのか。外国（英・米・仏・独）の二院制について調べ，二院制の意味について考えよう。 ・1国について，2グループずつが担当するように分担する。	教科書 ④ ⑤	・衆議院と参議院の2つの議院を通すことで，慎重に審議を行っている。慎重に審議を行うために二院制が採用されている。 ○外国の二院制についてグループごとに調べて発表し，各国の二院制を比較しながら，二院制の意味についてグループで議論し発表する。 ・各グループで4つの国から1国を分担し，二院制の特徴について調べて発表する。

第2章　アクティブ・ラーニングを位置づけた中学校社会科の授業プラン

・■■（国名）の二院制はどのようになっているか。 ・各国の二院制にはどのような共通点と相違点があるか。 ・議会を2つの議院に分けることにはどのような意味があるのか。 ・日本の二院制にあてはめてみると，どうなっているか。	⑥ ⑦	・発表された各国の二院制の特徴を比較し，共通点と相違点をグループ内で議論する。 ・議会を2つの議院に分ける意味について，議論した結果を発表する。 ・各国とも，第一院は直接選挙による国民代表であり，第二院が国ごとに異なっている様々な代表となっている点に気づく。 ・二院制には，社会からの代表性を多元化させるという意味をもっていることを習得する。 ・日本の二院制について，グループで議論し，その課題をまとめる。

4 時 間 目	課題4　国会をよりよいものにするために，二院制の改革案を考えてみよう。	
	○これまでの学習をふまえ，どのようにすれば国会がよりよいものになるか。日本の二院制の改革案を考えよう。 ・日本の二院制の課題は何だったか。 ・それはどのようにすれば克服できるのか。 ・実際にどのような改革案があるか。 ・他のグループの発表もふまえて，最後に自分の考えをワークシートに論述しよう。	○二院制の意味をふまえて，日本の二院制のよりよい姿を考える。 ・グループごとに国会の在り方，改革案についてグループで議論して発表する。 ・他のグループの発表を聞いて，最後にワークシートに自分の考えを論述する。

[資料] ①一院制の主張　②自民党の一党優位時代における衆参両議院の議席構成，法律案の可決状況，国会の運営状況など　③「ねじれ国会」の時期における衆参両議院の議席構成，法律案の可決状況，国会の運営状況など　④イギリスの二院制のしくみ　⑤アメリカの二院制のしくみ　⑥フランスの二院制のしくみ　⑦ドイツの二院制のしくみ

4 授業展開例

　授業は4時間の構成で行いました。1時間目は，日本の国会や二院制に関する基本的な知識を習得させるために，課題1「日本の二院制について調べてまとめよう」を設定しました。ここでは，グループ学習により，教科書や資料集などから必要な情報を獲得させる活動を行いました。2時間目の，課題2「日本の二院制においてどのようなことが問題となっているかを見出そう」では，事例の分析をとおして，日本の二院制の課題について，「参議院カーボンコピー論」と「強い参議院論」の2つの視点から説明していく学習を行いました。

　そして3時間目には，議会が2つの議院により構成されていることの意味を探究させるため，課題3に入りました。

課題3　なぜ多くの民主主義国家で議会に二院制が採用されているのかを考えよう。

　ここでは，外国の二院制を事例として，イギリス・アメリカ・フランス・ドイツを取り上げ，

グループごとに各国の二院制の特徴を調べさせ，発表させました。そして次のような流れで，二院制の意味について考察していきました。

教　師　イギリス・アメリカ・フランス・ドイツの二院制がどのような構成になっているか，各グループで調べてもらいましたが，ここから二院制の意味について考えましょう。各国の二院制に共通しているのはどんなことですか。

生　徒　どの国も，下院の議員は，国民による直接選挙で選ばれているということです。

教　師　下院議員は選挙で選ばれた国民代表といえますね。では上院は？

生　徒　国によって選ばれ方が違っていますが，フランスやドイツの上院は，地方代表や州の代表という性格がありそうです。

生　徒　アメリカの上院も，直接選挙で選ばれますが，各州から平等に2名ずつということなので，州の代表といえると思います。

教　師　ではイギリスの上院はどうでしょうか。世襲議員のほかには，どのような人が首相の推薦を受けて国王によって新たに議員に任命されていますか。

生　徒　国家に貢献した人物とあります。知識や経験豊富な立派な人ということだと思います。

教　師　そうですね。イギリスの上院は，貴族や法律の専門家など知的エリートによって構成されているといえます。となると二院制にはどのような意味があるといえますか。

生　徒　各国とも，下院は選挙で選ばれる国民の代表で，上院は下院とは違った方法で選ばれた議員によって構成されているということがいえます。

生　徒　そうか，2つの議院で審議するというのは，異なる性格をもった2つの議院で，それぞれ違った視点から審議するということなんですね。

　こうして，二院制には，社会からの代表性を多元化させるという意味をもっていることを習得させ，この点から日本の衆議院と参議院についてはどうか考えさせました。

　最後に4時間目では，これまでの学習をふまえ，課題4「国会をよりよいものにするために，二院制の改革案を考えてみよう」を設定し，各グループに改革案を発表させました。そして，各グループの改革案を聞いたうえで，最後に自分の考えを論述させて授業を終えました。

　このように本授業では，グループで行う学習を，①資料から必要な情報を獲得する段階（1時間目）②習得した知識を用いて事例を分析したり，その意味や本質にせまったりする段階（2・3時間目）③それまでの学習をふまえて正解のない問題に挑戦する段階（4時間目）へと進めていくことで，知識を個別的記述的知識（事実）から個別的説明的知識（解釈），一般的説明的知識（理論），そして根拠に基づいた評価的知識へと成長させ，生徒の思考力・判断力を高めていくことを企図しています。

（蓮尾　陽平）

| 公民 | 地方自治を考える（政策を提案しよう） |

地域が抱える問題を解決するための地域間連携を考えよう

	A　社会認識の形成をより重視した学習方法（「なぜ，どうして」の思考）		B　市民的資質の育成をより重視した学習方法（「どうしたらよいか，どの解決策がより望ましいか」の判断）			C　AとBの両方の学習成果の発信を重視した学習方法	
	体験・追体験型	調査・研究型	討論・ディベート型	企画・提案型	問題解決・プロジェクト型	セミナー・ワークショップ型	総合的表現活動型
習得・活用・探究という学習プロセスの中での，問題発見・解決を念頭に置いた深い学び		○					
他者との協働や外界との相互作用を通じて，自らの考えを広げ深める，対話的な学び					○		
子供たちが見通しを持って粘り強く取り組み，自らの学習活動を振り返って次につなげる，主体的な学び				○			

1 授業のねらい

生徒が生活している「まち」の，課題を解決するための提案ができる。

2 授業づくりのポイント

　政策を提言することは，課題解決の方策のひとつです。課題解決に必要な要素が2つあります。1つ目は，「現状分析」です。大都市圏・地方都市・中山間地域それぞれに共通する現状，たとえば少子高齢化に伴う諸問題などがあり，一方でそれぞれに特有の現状があります。生徒は小中学校の間に様々な場面で自らが生活している「まち」について学習していると思います。公民的分野では，現状分析のための道具を学習しますから，その内容を引き出して自ら生活している「まち」を分析するとよいでしょう。

　2つ目の要素は「課題の設定と解決目標の設定」です。どのような課題を解決するのかだけではなく，なぜそれを解決しなければならないのかも説明させるのが望ましいです。安全なく

らしを守るとともに，アメニティの向上を実現するには様々な課題を解決しなければなりません。その課題は生徒自身が住んでいる「まち」を分析すれば見えてくるものです。

　生徒自身が現状分析し目標設定を行い，課題解決策を具体的に考えるとなると，教師の目から見るとつたない内容になるかもしれません。しかし実際には，専門家でも何でもない地域住民が，周囲にある課題を発見しそれを解決するための陳情や請願を行っています。重要なのは，自ら課題を発見し目標を持ってそれを解決するべく思考するというプロセスなのです。可能であれば，生徒自身が設定した課題に関する成功例をあらかじめ調べさせておくとより具体的で深い議論ができます。ここでは，現状分析と目標設定を済ませた後，具体的にどう解決策をまとめていくかを紹介します。

3 学習指導案

時間	生徒の学習活動	教師の指導・支援
3分	1　解決すべき課題と目標の確認をする。	・前時に設定した課題と解決目標を生徒に説明させる。
	課題1　課題解決策を，グループで考えよう。	
20分	2　まずあらかじめ設定されているグループで課題解決策を考える。生徒それぞれの現状分析を共有し，具体的に思考する。	・5人程度のグループで話し合わせるようにする。 ・前時に行った「現状分析」と成功事例研究をもとに，具体的に考えさせるようにする。 ・解決策には「絶対に正しいもの」はないので，思いつくままに話をさせる。 ・荒唐無稽なものでない限り，実現可能かどうかはあまり細かく考えないように指示する。
	課題2　課題解決策を洗練させて，政策提言をしよう。	
20分	3　ジグソーグループに編成しなおして，それぞれの課題解決策を発表し合い，よりよい課題解決策になるよう議論を進める。	・他の人の解決策を聞く中で，わからないところや納得のいかないところがあれば必ず質問させるようにする。 ・グループメンバー全員の意見をすべて反映させることではなく，よりよいものは何かを考えることが目的であることを意識させる。 ・よりよいと考える解決策はなぜ優れているのかを説明しながら議論するようにさせる。 ・グループの意見を強引に一つにまとめるといったことがないように，議論を促す。
7分	4　グループごとに，提言内容をまとめる。次回の発表にそなえて，コンパクトに要点を整理する。	・解決策の内容だけではなく，なぜ自分のグループの解決策が優れているのかも説明できるように整理させる。

第2章　アクティブ・ラーニングを位置づけた中学校社会科の授業プラン

4 授業展開例

　事前に自分が住んでいる町を分析させ，課題を発見する作業をさせました。以下は，生徒が考え出した課題・解決目標の一部です。

---

　①小学校の統廃合・廃校を防ぐために，子育て世帯に住みよいまちづくりをする。
　②交通事故を防ぐために，道路事情を改善する。
　③所得の向上と新たな雇用を生み出すために，観光業を振興させる。
　④住宅団地の高齢化に伴う，交通弱者・買い物弱者の発生を防ぐ。

　そして，生徒が発見した課題の中から１つを選びました。課題の発見は比較的容易なのですが，どのように解決したらいいのかはなかなか思いつきません。そこで，地域が抱える課題を実際に解決した事例を研究させることにしました。成功例研究をあらかじめさせておくことで，後の議論を進めやすくすることができます。このような下準備をととのえて，前時の授業を終えました。

　本時は，前時に選択した課題と解決目標の確認から始めました。今回設定した課題は，「所得の向上と新たな雇用を生み出すために，観光業を振興させる」でした。

　課題１　課題解決策を，グループで考えよう。

　まず５人ずつのグループに分け，前時において各自が行った現状分析と成功事例研究の成果を共有させました。それに基づいて解決策の議論を進めました。

　ここで，立ち止まるグループが出てきました。

生徒A　成功例はあるけど，自分の町でもできるのかな？
生徒C　そう簡単にはいかないよね。
生徒D　特産物はけっこうあるんだけど。
生徒E　地域ごとにいろんなイベントもやってるみたいだね。観光客が来ても，今まであるものを体験するだけだとあまり変化がないな。
生徒B　ゆるキャラでアピールというのもありきたりだし……。
教　師　どうしましたか？
生徒A　成功例がうまくいっているのはわかるし，地元にもいろんなものがあるんだけど……。
教　師　なぜ成功例はうまくいっているのかを考えてみましょう。この観光案内を見てごらん。
生徒B　ん？　ひとつの町が単独で取り組んでいるんじゃなくて，周辺地域と連携しているみ

104　〈公民的分野〉

たいだ。
生徒E なるほどね。隣町の特産物とコラボさせれば新商品の開発もできるな。
生徒C そうね！ Win-Winの関係をつくっていけばいいのね！
生徒A この町はあまり観光地がなくて日帰り客が中心だけど，周辺の町の観光地と連携すれば宿泊客が増えるかもしれないな！

課題2　課題解決策を洗練させて，政策提言をしよう。

　ジグソーグループに再編成することで，新たな視点の獲得が自然に発生するようにします。課題解決の方法は複数あり，一つに絞り込む必要がない場合も多いです。ですから，よりよいものは何かを考えることが目的であることを意識させつつも，自由に提案させました。ただし，よりよいと考える解決策はなぜ優れているのかを考え，説明することを条件にしました。こういった条件設定を明確にすることで，根拠をもって主張をするという訓練にもなると思います。
　授業の最後に，この1時間で考えたことを整理し，3分程度で要点を明確に伝え，その根拠も説明できるように次回の発表に向けた準備をさせました。自分の主張の根拠を明確にして話をすると，聞いている方が質問しやすくなります。ただ人前で話をするのではなく，質問が出やすくなる工夫も重要です。

5 評価について

　単元末に，まず解決策として自分は何が最も優れていると考えるか，そしてなぜそれが優れているのかという根拠を記述させます。自分の視点と他者の視点を振り返りながら，自分の考えを整理させるという取り組みです。そして，自己評価をさせます。自分の考えにはどういう点が足りなかったのかだけではなく，どこがうまくいったのかも確認させます。このように，他者との協働学習を通じて，自分自身の学習課題を自分自身で発見し考えることを促すことが重要です。

（下前　弘司）

| 公民 | ブラック企業を考える |

ブラック企業に負けない，ブラック企業から身を守る力を育てる授業プラン

	A 社会認識の形成をより重視した学習方法（「なぜ，どうして」の思考）		B 市民的資質の育成をより重視した学習方法（「どうしたらよいか，どの解決策がより望ましいか」の判断）			C AとBの両方の学習成果の発信を重視した学習方法	
	体験・追体験型	調査・研究型	討論・ディベート型	企画・提案型	問題解決・プロジェクト型	セミナー・ワークショップ型	総合的表現活動型
習得・活用・探究という学習プロセスの中での，問題発見・解決を念頭に置いた深い学び					●		
他者との協働や外界との相互作用を通じて，自らの考えを広げ深める，対話的な学び	●						
子供たちが見通しを持って粘り強く取り組み，自らの学習活動を振り返って次につなげる，主体的な学び		●					

1 授業のねらい

> ブラック企業が生まれる理由を理解し，労働者の権利について，自分が問題に直面した時に活用できるような知識を身につけることができる。

2 授業づくりのポイント

　ブラック企業問題は，誰かを悪者にしていれば解決するわけではありません。同時に，だからといってあきらめてはダメで，もし自分がそういう環境に置かれたときに自分を守ることができる知識を身につけさせる必要もあります（実際にブラック労働の背景には，労働者側の権利や法制度に対する無知もあるといわれています）。なぜブラックといわれる雇用が行われているのかを考えることで，憲法が勤労の権利や労働基本権を保障していることの意義や，法制度を学ぶことの大切さに気づくことができる授業を目指しました。

3 学習指導案

時間	生徒の学習活動	教師の指導・支援
10分	1　ブラック企業に関する動画や記事を見る。	・ブラック企業とは，①正社員で大量募集②入社後も選抜が続く体質③異常な長時間労働や残業代の不払い④解雇せずに辞めるように仕向けるなどの特徴があることを説明する。
	課題1　なぜブラック企業が生まれるのか考えよう。	
15分	2　使用者と労働者の立場に分かれて，なぜブラック労働が生まれるのか，資料を読み取らせ，それぞれの立場に立って考え発表する。	・誰かを悪者にするのではなく，①利益を追求し，労働をコストと考える経営者と，②仕事にありつけるためには不利な条件であっても受け入れようとする労働者の立場に立たせ，それぞれの利益追求の結果が過剰な労働を生んでしまうことに気づけるよう支援する。特にニートへの差別意識や「やりがい」が利用されていることなど，労働者の側が受け入れてしまう背景についてもしっかり考えさせる。
10分	3　市場経済ではやむを得ないことなのか考える。	・外部不経済であり企業が社会にコストを転嫁しているだけにすぎず，市場経済のメリット（公正な競争による成長）にむしろ反すること，政府が介入できるような法律があることを説明する。
	課題2　働き始めてブラックな環境に気づいたらどうしたらいいだろう。	
10分	4　自分たちにできることを考えて発表する。	・憲法や法律などの知識が実際に役に立つこと，法律を知らないことで自分が悪いと思わされていることに気づかせる。
3分	5　全体で考えを共有する。	・実際に高校生がコンビニと労働協約を結んだ事例なども紹介し展望をもたせる。
2分	6　本時の学習を振り返る。	・学習を振り返り，まとめる。

4 授業展開例

まずブラック企業を題材にした映画の予告編を視聴させて，ブラック企業についての関心を高めると同時に，生徒がどの程度知っているのかを確認しました。生徒は漠然としたイメージだけをもっていたり，特定の企業（経営者）の問題としてとらえていたりしたので，ルポや新聞記事等を用いて，ブラック企業について①正社員で大量募集　②入社後も選抜が続く体質　③異常な長時間労働や残業代の不払い　④解雇せずに辞めるように仕向けるなどの特徴があること，それぞれの問題は特定企業に限らず日本の企業に広くみられる問題でもあること，そして，ひどい場合には命を失っている事例があることを整理して確認しました。

そのうえで，なぜそのような状態になってしまうのかを，雇う側の使用者（企業）と働く側の労働者のグループに分けて，課題1を与え，それぞれの立場になって考えさせました。

課題1　なぜブラック企業が生まれるのか考えよう。

生徒にとっては，経営者の側の問題としては比較的理解しやすいようですが，一部のひどい経営者の個人の問題ととらえていたり，自分は関係ないと思っていたりします。そこで，自分の問題として，どうして労働者の側が拒否しないのかを考えるよう投げかけます。

教　師　じゃあ自分が働いていたらどうするの？
生徒A　残業代が出ないんだったらいやだ。
生徒B　別の会社に移ったらいいじゃん。
教　師　そう？　今の日本は新卒での採用が中心だから一度仕事を辞めると再就職は大変だよ。
生徒A　ニートになっちゃうよ（笑）
教　師　あれ，今笑った人が多かったけど，ニートって何？　ニートにはなりたくないの？
　　　　　どうしてニートやフリーターが問題になったんだろうね。

残念なことに，いつのまにか「ニート」「フリーター」という言葉が侮蔑的な意味で浸透しています。「努力しないとニートやフリーターになるぞ！」といった言説が子どもたちに向けられているのかもしれません。結果として努力不足による自己責任といったとらえをしている生徒もいます。ここでは正規雇用の口が減ったことによって，不安定な状態を選択せざるを得ない若者が増加しているという社会的背景や，不安定な雇用状態の若者を低く見る考え方がブラック労働を許容させてしまう仕組みをしっかり押さえておきたいところです。

教　師　例えば自分は正社員になれて友達はフリーターだったらどう？
生徒C　優越感はあるかも……。
教　師　ところが働いてみたらブラック企業だった，どうする？
生徒C　正社員なんだから仕方ないと思っちゃう。
教　師　だよね，ブラック企業はどうやら横暴な社長さんだけの問題じゃあなさそうだよ。経営者も労働者も元々みんなと同じような感覚を持っているはずの普通の人なのに，どうしてブラック企業が生まれてしまうのかな，グループに分かれて考えてみましょう。

　机間巡視をして，ヒントなども与えながら考えさせ，整理された意見を発表させて，個人個人が目の前の利益を確保するためにブラック労働が生み出されていることに気づかせます。

　しかし，問題の難しさに気づかせることは，問題解決をあきらめさせることではありません。まず，市場経済の仕組みとしても決して合理的ではないということを知識として理解させることが必要です。加えて，もし自分が問題に直面したとしても，労働者を守るための法律があるなど，命を守るための仕組みがあること，しかもそれは社会科の授業の中で学んできていることに気づかせる必要があります。アクティブ・ラーニングを通じて自分たちが悩んだ末に気づくことで，社会科の授業で学んだ知識が活きてはたらくものになるのです。

課題2　働き始めてブラックな環境に気づいたらどうしたらいいだろう。

教　師　こんな状態でいいのかな，以前の授業でもやったよね。
生徒A　あ，労働三権？　労働組合を作って要求すればいい。
生徒B　でも会社の中で不利なあつかいをされたりするんじゃない？
教　師　確かに労働組合に入っていることで不利なあつかいをされたら困るよね，資料の法律にはどう書いてある？　どんな問題が起こりそうか，それに対してどうすれば自分を守れるか，ワークシートに沿って考えてみよう。
教　師　どう？　いざとなったら守ってくれるしくみや法律があったかな？
生徒C　はい，でも自分が実際に会社に入ってたら，中々言い出せないような気もするなあ。

　難しい問題であることを学んだ後だけに，実際に問題解決に至った「実例」を示すことが大切です。私はこれまで，辞職の圧力をかけられた知人にNPOのHPを紹介したことをきっかけに助けを求めてうまくいった事例を用いていました。身近な事例があると一番展望をもてると思いますが，もし無ければ，「大手コンビニと1分単位の賃金支払いを認める労働協約を結んだ高校生のニュース記事」等を使うのがよいのではないかと思います。　　　　　　　（阿部　哲久）

公民	グローバル化社会の課題を考える

自由貿易協定参加への 賛成・反対を討論しよう

	A　社会認識の形成をより重視した学習方法（「なぜ，どうして」の思考）		B　市民的資質の育成をより重視した学習方法（「どうしたらよいか，どの解決策がより望ましいか」の判断）			C　AとBの両方の学習成果の発信を重視した学習方法	
	体験・追体験型	調査・研究型	討論・ディベート型	企画・提案型	問題解決・プロジェクト型	セミナー・ワークショップ型	総合的表現活動型
習得・活用・探究という学習プロセスの中での，問題発見・解決を念頭に置いた深い学び		●					
他者との協働や外界との相互作用を通じて，自らの考えを広げ深める，対話的な学び			●				
子供たちが見通しを持って粘り強く取り組み，自らの学習活動を振り返って次につなげる，主体的な学び		●					

1 授業のねらい

> 自由貿易協定への賛否を，様々な立場ごとに考え，説明できる。

2 授業づくりのポイント

　グローバル化が進展する現代社会において，「貿易」をどのような形で行うかは，我々が直面する大きな課題です。本授業（と単元）では特に，TPP 等自由貿易協定の拡大に対して，自分なりに根拠に基づいて考え方をもち，それを説明・対話できることを学習のねらいとしました。授業中は，班活動やペアワークなど小集団での学習活動を積極的に取り入れ，考えを交流し高め合う学習活動を行い，多くの生徒が考察したことを表現できるようにしました。表現する学習活動では，あらかじめ評価基準表（ルーブリック）を生徒に示し，生徒と教師が目指すゴールを共有化し，明確な評価を与えることで，生徒の学ぶ意欲を高めていく工夫も行っています。

3 学習指導案

時間	生徒の学習活動	教師の指導・支援
3分	1　前時の復習をする。 2　国産と外国産の食品の価格を見比べる。	・前時に行った地域経済統合の目的について，ペアで確認させる。 ・外国産の食品が安い理由をペアで確認させ，意図的に指名する。
5分	3　保護貿易と自由貿易について理解し，課題1を知る。	・本時の学習課題を示し，生徒と課題を共有化する。
	課題1　日本国内で自由貿易協定に賛成・反対なのはどのような立場の人なのか？	
5分	4　資料を見て答える。 「自由貿易協定に賛成するのはどのような立場の人だろうか。それはなぜだろうか。」	・書き出しを設定し，資料から読み取ったことを書きやすくする。 ・ペアで記述の確認をさせ，互いの記述に対し評価をさせる。
5分	5　資料を見て答える。 「自由貿易協定に反対するのはどのような立場の人だろうか。それはなぜだろうか。」	・書き出しを設定し，資料から読み取ったことを書きやすくする。 ・ペアで記述の確認をさせ，互いの記述に対し評価をさせる。
5分	6　個々の考えを全体で共有する。 7　課題2を知る。	・意図的指名を行い，学習の流れを整理し，課題2を行いやすくする。
	課題2　日本が自由貿易協定に参加することへ賛成・反対か，自分の意見を出そう。	
5分	8　日本が自由貿易協定に参加することへ賛成・反対か，自分の意見を書く。	・評価基準表を示し，意見の記述に何が必要か確認する。 ・根拠が乏しい意見については資料を指し示して学習の支援をする。
10分	9　学習グループ内で意見を出し合い，自分とは違う意見に対し反論する。 ※相手の意見が合理的で納得できる場合は，そのことを相手に伝える。	・全員が同じ意見のグループがあった場合は，どのような反論が起きうるか予想させる。
5分	10　全体で考えを共有する。	・ニュース映像を活用し，現状の日本の取り組みを伝える。
5分 （2分）	11　本時の学習を振り返る。 （ルーブリックに基づいて，意見を書けたか，意見交換ができたか自己評価する）	

4 授業展開例

前時では，世界各地でみられる地域経済統合とその目的について学習しました。地域経済統合によって実現することを，前時では以下の３点にまとめました。

①関税が引き下げられ，加盟国間の貿易が活発になる。
②資本や労働力など生産要素の移動も活発になる。
③加盟地域の結びつきが深まり，加盟地域内の平和がもたらされる。

一方で，加盟地域外との連携は薄まり，加盟地域外との貿易や生産要素の交流は乏しくなることも確認して前時の授業を終えました。

本時は，前時の学習を復習し，輸入品と国産品の食品価格の比較を行いました。外国の大規模農業によって安い農産品が生産されていることをおさえた後，課題１に入りました。

課題１　日本国内で自由貿易協定に賛成・反対なのはどのような立場の人なのか？

ここで，日本とアメリカとの貿易品目と，それに関税がどの程度課されているのかを示す資料を配付し，生徒の思考の根拠とします。配付された資料をもとに，生徒はまず個人思考を行い，自由貿易協定に賛成する立場，反対するのはどのような立場の人なのかをワークシートに書き出しました。

個人での記入が終わったら，横の学習ペアと記述の確認をさせました。記述内容について，「資料に基づいて書かれているか」「説明がわかりやすいか」の２点を相互評価させ，互いに評価を伝え合う活動を仕組みました。この活動によって，全体での発表も出やすくなり，生徒が主体的に学習を前へ進めやすくなりました。

全体での交流では，それぞれが書き，ペアで交流した意見を全体で交流し，資料から得られる概念を共有しました。すなわち，現在の日本と他国（主にアメリカ）との貿易においては，第一次産業に携わる人々は自由貿易に反対する可能性が高く，第二次産業に携わる人々は自由貿易協定に賛成する可能性が高い，ということです。

次に，課題２に移ります。

課題２　日本が自由貿易協定に参加することへ賛成・反対か，自分の意見を出そう。

課題２について，まずは評価基準表を確認し，①資料に基づいた記述であるか　②既習内容と関連づけた記述であるか　③結論と根拠との整合性がとれているか　の３点が評価の対象に

112　〈公民的分野〉

なることを確認しました。生徒個人で意見を書かせ，つまづきがみられる生徒への支援を机間指導の中で行いました。

　全員が意見を書けたことを確認したら，学習グループ（3名）で意見の交流をさせ，自分とは違った意見が出た場合は反論するよう指示しました。

生徒A　私は日本が他国と自由貿易協定を結ぶことに反対です。なぜなら，農業をしている人は，自分が作った農産物よりも安い外国産の農産物がたくさん輸入され，輸入品が売れるようになるからです。

生徒B　でも，輸入品に負けない「おいしくて安全な」農産物をつくれば，外国産に対抗できるんじゃない？

生徒C　確かに。でも買い物するときは，結局安い方を選んじゃうんだけどね……。

生徒A　日本の食料自給率が下がってきていることも以前習ったし，貿易の自由化が進むと，私たちの食の安全が守れなくなるんじゃないかな，とも思います。

生徒B　なるほど。さっきみんなで確認したように，輸入することの方が多い産業は国全体で不利になると言えるよね。

生徒C　じゃあ，逆に輸出することが多い産業は自由貿易協定によって有利になるよね。僕は日本が自由貿易協定に参加することに賛成です。それは自動車などの工業製品が，今よりももっと外国で売れるようになって，国の利益も大きくなると予想できるからです。

生徒B　でも考えてみると，今のまま日本の機械が外国で売れ続けるって保証はないよね。未来では他の国からの輸入の方が多くなっているかも……。

教　師　いい話し合いをしているね。君たちが気づいたように，自由貿易が始まると，農業であれ，工業であれ，どんな産業も外国に負けない「競争力」を付けないといけないんだ。メイド・イン・ジャパンの何を「売り」にするかだよね。

生徒B　だったらやっぱり，安さよりも品質や安全を高めていく方がいいんじゃないかな……。

　このグループでの話し合いの概略を全体に紹介し，授業のまとめとしました。授業の最後に，本時の学習活動を振り返らせ，ワークシートを回収し，授業を終えました。

5 評価について

　回収したワークシートを点検し，記述内容と授業の振り返りとを評価し，次時の導入で生徒に返却しました。生徒の記述や振り返りを全体で紹介し，学ぶ意欲を高めました。

（橋詰　智）

公民 | 消費者主権を考える

消費者にとって安全・安心な社会を築くことは難しい？

	A 社会認識の形成をより重視した学習方法（「なぜ，どうして」の思考）		B 市民的資質の育成をより重視した学習方法（「どうしたらよいか，どの解決策がより望ましいか」の判断）			C AとBの両方の学習成果の発信を重視した学習方法	
	体験・追体験型	調査・研究型	討論・ディベート型	企画・提案型	問題解決・プロジェクト型	セミナー・ワークショップ型	総合的表現活動型
習得・活用・探究という学習プロセスの中での，問題発見・解決を念頭に置いた深い学び		○					
他者との協働や外界との相互作用を通じて，自らの考えを広げ深める，対話的な学び					○		
子供たちが見通しを持って粘り強く取り組み，自らの学習活動を振り返って次につなげる，主体的な学び		○					

1 授業のねらい

> 法的思考力を活用して粘り強い問題解決の行動がとれる安全意識を高めることができる。

2 授業づくりのポイント

　本単元は，消費者問題の民事裁判を取り上げて，読み取った事実をもとに，自ら判断し表現していく法的経験の場を与えるものです。それは，消費者法（本単元では，製造物責任法を取り上げる）を知り，消費者法で考えることによって正しい消費者主権の基礎を培い，将来自らが労働により賃金を得，そして消費者の権利と責任について考えながら仕事と生活の調和を図ることが可能となると考えるからです。そこで2つの民事裁判（消費者が被害を被り原告となった事例）を取り上げます。事実に基づき，法律と関連させながら問題点をつかみ，仲間と意見を交流することで思考の再構成をはかり，自分の考えをまとめます。次に消費者の生活と生命をどのように守り，また企業の安全意識をどのように高めていくのかを考えさせていきます。

3 学習指導案

時間	生徒の学習活動	教師の指導・支援
5分	1 前時の復習をする。 ・前時の民事裁判について振り返る。	・前時に行った蒟蒻入りゼリー姫路事件の内容を，生徒を指名しながら確認させる。 ・今回も消費者と製造業者との間で生じた対立について考えることを伝える。
	課題 消費者と製造業者の間で生じた問題（民事裁判：カプセル玩具誤飲高度後遺障害事件）をとおして，消費者保護の在り方について考えよう。	
20分	2 個人で問題の概要をつかみ，様々な事実に基づいて，自分の考えをまとめる。次に学習班で考えを交流する。 ・消費者側の主張と製造業者側の主張の両方を理解した上で，自分の主張を述べる。 ・消費者側の主張と製造業者側の主張のどちらに妥当性があるのか考える。	・4人ずつの学習班で話し合わせる。 ・法律に基づいて価値判断できるよう，製造物責任法の中の基本的な要件をもとに考えさせる。 ・学習班で交流したことは，ホワイトボードに記述させ，黒板に掲示し，全員で学習内容を把握できるようにさせる。
10分	3 他の班の判断にふれ，その内容を検討する。	・他の人の発表を聞く中で，わからないところや納得のいかないところがあれば必ず質問させるようにする。
10分	4 全体で考えを共有する。	・消費者側の主張（原告）と製造業者側の主張（被告）を整理した上で，消費者の権利が法律によりどのように保障されているのか，前時の裁判も参考にしながら消費者・製造業者両方の視点から考えさせる。 ・発表を聞く中で，わからないところや納得のいかないところは必ず質問させる。
5分	5 本時の学習について振り返り，次時の内容につなげる。 ・本時の課題1について，事案に対する自分の考えを振り返る。 ・本時の課題1について，消費者として責任ある行動について，家庭学習の課題を理解する。	・本時の学習課題について，自分の考えを理由とともに記述させる。 〔家庭学習の課題〕 ・売買契約に基づいて購入した製品が欠陥品だった場合，消費者（家族も含む）は被害を受ける可能性があります。消費者を保護していくためにはどのような行動をとるべきか，理由とともにワークシートに記述しなさい。

第2章 アクティブ・ラーニングを位置づけた中学校社会科の授業プラン

4 授業展開例

　導入として，前時で学習した蒟蒻入りゼリー姫路事件の内容を，パワーポイントを利用して確認しました。この事案は，結果的に製造物責任法において，製造物の欠陥による消費者（原告）の救済に至らなかった事例でした。本時は，新たな事案としてカプセル玩具誤飲高度後遺障害事件（消費者が救済された事例）を取り上げ，これら２つの事案をもとに，大きく判決が異なっている現実をふまえながら，消費者を守るために，法律を活用して問題解決に向けてどのようなアプローチをすればよいのかを，生徒に考えさせる機会を与えました。

〔事案の概要〕
　平成14年８月９日，長男（当時６歳11か月）と母親はＡ店へ行き，そこに設置されていたＢメーカー製造のゲーム機より景品として取得したカプセル玩具を自宅へ持ち帰った。８月10日夜，家で長男，長女，次男がカプセルをボール代わりにして遊び，次男（２歳10か月）がカプセルを手に持って走り回っていたところ，カプセルを口に持っていった瞬間にカプセル全体が口の中に入ってしまった…（これ以降の説明は，別紙資料で行った。）

　授業全体の構成は，以下のとおりです。

①事案の概要をつかむ（資料とパワーポイント）。②本事案に適用される製造物責任法の内容をつかむ。③法的な考え方を共通理解させる。④本事案の概要をワークシートの記述内容及び資料からつかみ，原告の主張と被告（製造業者側）の主張を比較考量し，②の視点を考慮に入れて，理由とともに自らの主張を考える。⑤自らの主張を学習班（小集団学習）で交流し，他者の考えにもふれながら，さらに自らの考えを吟味させる。⑥班での意見交流を全体で共有し，教師による補足説明を加えてから，再度自分の考えをまとめさせる。⑦本時の学習内容をまとめさせる。

　裁判では，原告・被告双方が，カプセルについて，それぞれ相手側の「設計上の欠陥」「表示上の欠陥」を中心に主張を展開しました。２つの事案を取り上げることは，似たような状況でも，結論が違う内容に接することで，生徒の思考を揺さぶる契機となります。またより一層合理的判断を難しくさせる状況の中で，自ら問題点をつかみ，どちらの主張に合意できるのか，その理由とともに自分の主張を考えます。これら一連の学習過程を経ることによって，生徒に当事者であり消費者としての責任意識が生まれます。

　本時の学習の中心は，生徒一人ひとりが，自分の主張を理由とともに交流することによって，お互いの価値観や考えを大切にしつつ，誰もが納得する合理的な結論を目指す話し合いを行うことです。実際に行った学習班での話し合いでは，生徒一人ひとりが自分の主張を述べた後，

原告・被告どちらの主張の方がよりよいのかを議論しました。しかし時間の経過とともに，判断に迷い，立ち止まって考える班が目立ってきました。

生徒A　カプセルの大きさの基準にも合っていて，誤飲や窒息の危険性も低い。警告表示もあったので被告側が損害賠償をする必要はないよね。
生徒B　今回はカプセルの中に入っている玩具ではなく，カプセルに問題があるよ。カプセルは遊ぶものではないし，中に表示がしてあり，それを注意して読まずに子どもをカプセルで遊ばせた親がいけんよ。
生徒C　そうそう，遊んでいる時の親の管理がたりんのよ。
生徒D　でも，子どもはいろんな物で遊ぶよ。カプセルの大きさの基準はたしかに満たしとるけど，実際には子どもの口に入る大きさじゃないかな。

生徒B　では，何のために基準があるん。被告側はちゃんと基準を守っとるのに。
生徒D　でもその基準と1mm違うだけなら，飲み込むことは容易に想像できると思うけど。
生徒A　カプセルの大きさの基準については，原告，被告側がそれぞれ自分たちの主張に都合のいい基準を使っていて，同じ基準ではないので，単純に比較できないよ。どうやって判断すればいいんかな……。
教　師　ところで今回の事案は，蒟蒻入りゼリーの時と比べて危険性を示す表示の仕方については，本当に相手にきちんと伝わるものになっているのかな。
生徒D　たしかに，表示上の欠陥としてカプセル内にだけ注意書きがあり，親がそれを見る可能性は低いと考えられないかな。しかも，子どもがカプセルの危険性を理解できる可能性も乏しいよ。企業側の，事故が起こるかもという見通しが甘くないかな。
生徒A　やはり注意書きがあるにはあるけど，カプセル内に書いてあるということは，注意書きがないのも同然かもしれないな。
生徒C　そうだよ，小さい子どもには漢字は読めんよ。

　各班で話し合った後，出てきた意見をさらに全体で共有しました。生徒から出てきた主張は被告側が優勢な状況です。最後に判決を提示しました。生徒から「え～」という声があがりました。自分たちとは違う判断をした裁判官の判決に興味津々です。その違いの中に，課題1を含め，消費者にとって安全で安心な社会の実現につながるヒントが隠されています。
　生徒が仲間と協力しながら問題解決を進めることは，課題解決の方向性を明らかにし，さらには，知識の質を深め，責任ある主権者を育成することにつながります。　　　（柳生　大輔）

公民 よりよい社会を目指した地域の再生を考える

ロールプレイを活用した協働的問題解決学習

	A 社会認識の形成をより重視した学習方法（「なぜ，どうして」の思考）		B 市民的資質の育成をより重視した学習方法（「どうしたらよいか，どの解決策がより望ましいか」の判断）			C AとBの両方の学習成果の発信を重視した学習方法	
	体験・追体験型	調査・研究型	討論・ディベート型	企画・提案型	問題解決・プロジェクト型	セミナー・ワークショップ型	総合的表現活動型
習得・活用・探究という学習プロセスの中での，問題発見・解決を念頭に置いた深い学び	●						
他者との協働や外界との相互作用を通じて，自らの考えを広げ深める，対話的な学び					●		
子供たちが見通しを持って粘り強く取り組み，自らの学習活動を振り返って次につなげる，主体的な学び						●	

1 授業のねらい

> 異なる考えをもつ者同士の対話によって，将来のあるべき姿を導き出すことができる。

2 授業づくりのポイント

　3年後の有権者とはいえ，中学校3年生に政治に対する当事者意識をもたせることは困難で，ましてや政治に関わって多様な意見をもつことも難しい。そこで，ロールプレイを利用します。生徒に「こんな人だったらどう考えるだろう」と演じさせることで，自分とは別の視点から課題をとらえさせます。それぞれが役割を演じ，価値観をぶつけ合い，合意を目指す中で，議論が行われます。また，振り返りが大切になるので，最後は自分自身に戻って，「本当に必要なものは何か」と共同体の未来に目を向けさせましょう。今回は仮想の村落の過疎問題でしたが，授業の実態に合わせて，都市問題であったり，災害復興であったり，設定さえしっかり練ることができれば，学校や学級の実態に合わせて様々な形で応用が利くと思います。

3 学習指導案

時間	生徒の学習活動	教師の指導・支援
5分	1 これまでの授業内容を振り返る。	・これまでの地方自治の授業で学んだことを確認させる。
5分	2 少人数グループをつくり，今日の課題1を知る。	・今日はある地域の課題を，その村の住人になって考えていくことを伝える。
	課題1 ○○村をよくしていくためには，どのようにしたらよいだろう。	
12分	3 くじを引いて，自分の担当するキャラクターを決める。その後，それぞれが担当する団体のヒアリングを行う。	・キャラクターごとのグループに分け，それぞれの団体の意見をタブレット上のパワーポイントで確認させる。
13分	4 ヒアリングの内容を持ち寄り，以下の政策課題について判断する。 例）合併するか，しないか 無料バスを出す，出さない など	・自分の考えとは別に，担当するキャラクターならどう考えるかをもとに，議論を行うよう指示する。
5分	5 全体で意見を交流する。	・なぜそのような結論になったかをしっかり説明させる。 ・議論がまとまらなかった場合，どういう点で意見が対立したかを説明させる。
5分	6 課題2を知る。	
	課題2 よりよい地域を残していくために，何が必要だと感じたか。	
		・グループで議論した内容をもとに，課題2について考えさせる。
5分	7 全体で交流する。	・他の人の意見を聞いて，自分の意見を変える場合は，赤字で加筆させる。

4 授業展開例

　これまで学習してきた地方自治の内容を振り返ります。実際にこの授業を行う前は，地方創生やクラウドファンディングについて学んでいました。生徒の多くが都市部に暮らしており，過疎地でのくらしが想像しにくいと感じて，仮想の村をつくりました。生徒には諮問会議としてその村の村長の政策判断にアドバイスをしてほしいことを，プレゼンテーションソフトを利用し，村長からの依頼という形で伝えて課題の確認をしました。

課題1　〇〇村をよくしていくためには，どのようにしたらよいだろう。

　しかし，そのまま話し合いに移行するのではなく，当事者性を持たせるため，生徒にはくじを引いてもらい，その村の住人になってもらいました。以下はその一例を抜粋したものです。

例1）〇〇村地主の子ども（18歳）

　あなたは，〇〇村の地主の子どもです。あなたは，地元から遠く離れた都市部の中高一貫の進学校に長時間かけて村から通っていました。卒業後は地元の国立大学に進学する予定ですが，親からは卒業後に地元に戻って，いずれは自分の土地を引き継いで村で一緒に農業をしながら暮らしてほしいといわれています。あなたは，村に愛着があるものの，過疎化や高齢化の進む中での父親の苦労を見ていると，今のままの村では将来が不安です。将来自分がもどってこれるような村づくりを目指します。

例2）〇〇村役場職員の子ども（18歳）

　あなたは，村役場に勤める職員の子どもです。村の中学校を卒業後，都市部の進学校に進学，3年間は下宿暮らしでした。そのまま地元に戻らず東京に進学し，卒業後は地元の村役場に勤めたいと思っています。地元に愛着はあるものの，両親の様子を見ていると，このままでは〇〇村に暮らす人はいなくなるのではないかと危機感をつのらせています。現在，〇〇村を近隣の町村と合併を検討する合併協議会が開かれていますが，財政が豊かになり，今の村の人々の生活が守られるのであれば，それもしょうがないと思っています。

　その後のヒアリングや話し合いは，そのキャラクターになりきってのロールプレイで行います。ヒアリングは，キャラクターごとにグループをつくり，〇〇村の診療所や学校などで，それぞれの抱える問題や思いを聞き取ります。以下はそのうち農協でのヒアリング内容を抜粋したもので，実際にはタブレット上のプレゼンテーションソフトに表示されました。

例）○○村農協でのヒアリング

—今，○○村の農業が抱えている課題について，教えてください。

米 農 家：なんというても，人手不足じゃねえ。

野菜農家：わしら，ひとつひとつの農家は小さいけえ，人を雇うほどでもないんよ。もう
　　　　　自分とこの米や野菜しか作っとらん家も多いしのう。

兼業農家：うちは農業やってますが，会社員として働く方が収入は多いです。

農協職員：たしかに，この村の農業人口は減っています。それと同時に耕作放棄地が増え
　　　　　て，荒れ地になった田んぼもたくさんあるんです。

—みなさんは，村がどうなっていくことが良いと思いますか。

農協職員：どの農家さんも，これからずっと農業を続けていってほしいと思います。

米 農 家：今は町で暮らしとるが，わしの息子夫婦や孫とも，うちの村で一緒に田植えや
　　　　　らできるとうれしいのう。

兼業農家：わたしも農業が好きなので，できれば専業農家としてやっていきたいですね。
　　　　　ただ，農業だけでは収入が不安なので，今の状況だと無理ですけどね。

　ヒアリングの内容は，元の少人数班に持ち帰り，お互いの役割を演じながらの議論をはじめます。まず，班で「○○村を××な村にしたい」というコンセプトを決めます。その後，①周辺の町村と合併するか，しないか　②特産品に補助金を出すか，出さないか　③バス代の半額補助をするか，しないか　④介護施設を建設するか，しないか，といった政策選択の諮問内容について話し合います。また，合併を選択すれば，②〜④のうち2つまで実現できることとします。以下は机間指導中のある班の話し合いです。

生徒A　まず合併して，介護施設とバス代を実現しようよ。

生徒B　なんで？　補助金出してお金稼げるようになったほうがいいじゃん。

生徒C　わたしも賛成。高齢者多いんだから，暮らしやすくしたらいい。

生徒D　だったら介護施設だけ建てて，合併せずに名前は変えないでほしい。

教　師　でも，それって20年後はどうなってるの？

生徒D　介護施設で働くのは若い人だから。

生徒B　20年たって高齢者がいなくなったら若者だっていなくなるよ。

　こうして，なかなか意見のまとまらない班も出てきます。ちなみに，上記の生徒Bは先述の村役場職員の息子，生徒Dは地主の息子の設定でした。そのため，生徒Bは村の産業振興策に，生徒Dは○○村の名前を残すことにこだわりがあることになっています。こうした話し合いを

第2章　アクティブ・ラーニングを位置づけた中学校社会科の授業プラン

経て，同じ目的で話し合いをしていても，立場のちがいから議論がまとまらなかったり，まとめることに苦労する経験をします。

この後，各班の諮問内容を交流する中で，ロールプレイの役割を生徒に紹介します。異なる価値観をもつ人同士の合意がいかに難しいかを実感させた上で，以下の課題を示し，考えさせます。

課題2 よりよい地域を残していくために，何が必要だと感じたか。

時間があれば意見交流の時間をもってもいいですが，時間がない場合は課題2を次時に回したりして，時間を融通することもできます。また，生徒から出た意見を分類するなどして，その背景や考え方のちがいを全体で確認したり，それぞれの政策課題にこだわらず，多くの村人が妥協できるような政策がないかを追究しても面白いのではないかと思います。

（迫　　眞也）

第 **3** 章

アクティブ・ラーニングを位置づけた中学校社会科の授業の評価

1 アクティブ・ラーニングの推進を受けて

　学習指導要領改訂に向けて，文部科学省は「アクティブ・ラーニング」を強く推進する方向性を打ち出しています。アクティブ・ラーニングとは，具体的には，「課題の発見・解決に向けた主体的・協働的な学び」を実現するための学習・指導方法と言えます。

　このアクティブ・ラーニングは，知識や技能の定着・確認を目指すだけにとどまらず，その活用・創造を目指すために行うものです。それに加えて，学習意欲を高める効果も期待されています。

　このような目的として設定された，知識・技能の活用や創造，学習意欲の向上などが本当に達成されているかを見極める必要があります。そこで課題となってくるのが，アクティブ・ラーニングにおける評価です。本章では，このようなアクティブ・ラーニングを評価するためのストラテジーを検討します。

2 アクティブ・ラーニングにおける評価のストラテジー

　アクティブ・ラーニングは，授業のある場面における一活動にとどまる，単なる授業の形式面の話ではありません。授業における目標を達成するための必然性をもたせる必要があります。つまり，授業の目標があり，それに対応して内容が構成されるわけですが，その内容の学びに子どもが積極的に関与し深い理解を達成するために，アクティブ・ラーニングが重要となってくるわけです。

　このように考えれば，アクティブ・ラーニングによって表出された子どもの思考や行為を拾いながら，その達成度を解釈していくことが可能であると言えるのではないでしょうか。さらに，子どもの学習過程が明らかになることによって，子どもへの指導や授業改善が可能となるでしょう。そこで，アクティブ・ラーニングにおける評価のストラテジーとして，次の4段階を設定します[1]。

　第一段階は，単元，または1時間を貫く問いとその問いに答えるための探究ルートをつくることです。まず，授業の重点目標を明確化し，それを達成するための学習課題を問いの形で表

現します（メイン・クエスチョン，以下，MQと表記）。次に，その重点目標にたどり着くことができるよう，MQのブランチとして小さな問い（スモール・クエスチョン，以下，SQと表記）を設定することで，探究ルートをつくります。

　第二段階は，子どもの学習過程を可視化するためのパフォーマンス課題の設定です。アクティブ・ラーニングは，評価という観点に立てば，評価の材料を提供してくれている（子どもの思考や行為を表出させている）という意味で，パフォーマンス課題であるとみなすことができます。つまり，アクティブ・ラーニング（パフォーマンス課題）を子どもの学習過程の要所々々（第一段階で設定したMQやSQ）に埋め込むことで，子どもの学習成果はどのようなものであったか，そして，それを時系列に並べることによって，学習過程（思考の過程）はどのようなものであったかといった，事実の確定が可能となります。

　このパフォーマンス課題の例として，例えば，作品（新聞・エッセイ・絵など），発話記録（話し合い活動，討論，授業中における子どもたちの発言など），ホワイトボードや黒板へのグループワークのまとめ，「今日わかったこと・できたこと」といった自己の学習の振り返り，などが挙げられます。

　第三段階は，子どもの学習過程を意味づけるためのルーブリックの作成です。ルーブリックとは，成功の度合いを示す数値的な尺度と，それぞれの尺度における子どもの理解や行動の特徴を示した記述から構成される評価指標のことです。評価の観点が複数ある場合には，観点ごとにルーブリックを用いる場合もあります。第二段階で確定した事実に解釈を加える際，授業と評価を乖離させずに，より合理的な解釈を加えていくためのルーブリックを作成し，その判断基準を明確化します。

　まず，授業目標を評価規準に読み替えます。次に，評価規準に合わせて，指標をつくります。ルーブリックのつくり方には2つの方法があります。

　第1に，量の増加で指標をつくるパタンです。例えば，記憶している知識が1つか，2つか，3つか，説明の視点が1つか，2つか，3つか，主張の根拠が1つか，2つか，3つかのように到達度を段階化したうえで，目標達成の水準を確定する方法です。

　第2に，質の深化で指標をつくるパタンです。例えば，概念の意味を記述できるか，概念の意味を具体的な事例に引きつけて説明できるか，概念を活用して身近な問題を説明できるか，のように段階化して，目標達成の水準を確定していく方法です。

　第四段階は，学習指導の代案をつくります。特に，学習成果がいわゆるC水準の子どもの学習過程に着目し，学習目標を達成している子どものそれと比較をすることによって，つまずき場面を特定し，もっと効果的な指導法がなかったかを検討します。指導法に問題がなければ，目標そのものの見直しも行います。

3 アクティブ・ラーニングにおける評価の実際

❶事例の紹介

2で設定したストラテジーを具体的な授業を用いて検討してみます。まず、❶において、事例とする授業はどのようなものかということを概観しておきます。

事例として、「アフリカ州は豊かなのか、貧しいのか、なぜ君はそう判断するの？」という授業を取り上げることとします。この授業は、以前、筆者と中学校教諭、そして、同僚の研究者とともに開発したものです。この授業は、協働的で活動的な学習を基盤としている教諭の当時の勤務校の実態に合わせているため、事例として適していると判断し、選択しました。以下に簡単な単元案を示します。

表1　単元「アフリカ州は豊かなのか、貧しいのか、なぜ君はそう判断するの？」

次数	主題・主な発問
1	**「自然と歴史からみたアフリカの豊かさと貧しさ」** (1)　資料（教科書の写真やその他資料）は何を表しているものだろう。【事実の確定】 (2)　「豊か」・「貧しい」で分類してみよう。【資料の分類】 (3)　「豊か」・「貧しい」が同時にみられるのはなぜだろう。【(2)の原因、背景の説明】
2	**「経済からみたアフリカの豊かさと貧しさ」** (1)　資料（教科書の写真やその他資料）は何を表しているものだろう。【事実の確定】 (2)　「豊か」・「貧しい」で分類してみよう。【資料の分類】 (3)　「豊か」・「貧しい」が同時にみられるのはなぜだろう。【(2)の原因、背景の説明】
3	**「生活・社会からみたアフリカの豊かさと貧しさ」** (1)　資料（教科書の写真やその他資料）は何を表しているものだろう。【事実の確定】 (2)　「豊か」・「貧しい」で分類してみよう。【資料の分類】 (3)　「豊か」・「貧しい」が同時にみられるのはなぜだろう。【(2)の原因、背景の説明】

この単元の目標は，おもに貧しさが強調されるアフリカにおいて，「豊かさ」と「貧しさ」の両方の側面がみられる原因や背景を，資料に基づきながら，子どもたちが具体的に説明することにより，より多面的なアフリカに気づくとともに，アフリカに対するイメージを更新することです。そのために，教科書に掲載されているアフリカ州の「自然・歴史」「経済」「生活・社会」の3つの見開きを使いながら，そこに掲載されている写真・資料や，その他資料などを活用し，(1)資料に関する事実の確定　(2)「豊か／貧しい」という視点による資料の分類　(3)「豊か／貧しい」が同時にみられる原因や背景の説明という3段階を踏んでいます。なお，紙幅の関係ですべてを扱うことはできませんので，第3次の授業を事例として取り上げながら，アクティブ・ラーニングにおける評価を検討したいと思います。

表2　第3次「生活・社会からみたアフリカの豊かさと貧しさ」

時間	生徒の学習活動	教師の指導・支援
2分	1　前時までの復習をする。	・前時に行った経済からみた豊かさと貧しさに関する説明を，指名した生徒にさせる。
1分	2　課題1を知る。	・本時は，「生活・社会」を視点にアフリカの豊かさと貧しさについて考えるということを説明する。
	課題1　資料をみて，それは何を表しているものかを確定しよう。	
10分	3　問いを個人で考える。	・資料には，アフリカの「生活・社会」を考えるものとして，以下のようなものを使用する。首都（高層ビル群）の景観，携帯電話の普及，スポーツの振興，民主化（ネルソン・マンデラ），水汲み（長時間かかる），HIV，幼児死亡率の高さ，スラム，など。 ・できるだけ具体的に説明できるようにする。
5分	4　まず，小グループで予想や考えを共有する。次に小グループで話し合ったことを，学級全体で共有する。	・4人ずつの小グループで話し合わせるようにする。 ・他のグループの生徒も理解しやすいように，声の大きさや黒板の書き方を工夫させる。 ・発表を聞く中で，わからないところや納得のいかないところは必ず質問させる。他の考え方がある場合にも，発表させる。
1分	5　課題2を知る。	
	課題2　資料を「豊か」・「貧しい」で分類してみよう。	

10分	6	問いを個人で考える。	・必ず分類した理由も同時に答えさせるようにする。
5分	7	まず，小グループで予想や考えを共有する。次に，小グループで話し合ったことを，学級全体で共有する。	・4人ずつの小グループで話し合わせるようにする。 ・必ず分類した理由も同時に答えさせるようにする。 ・課題2について各グループから発表させる。
1分	8	課題3を知る。	

課題3 「豊か」・「貧しい」が同時にみられるのはなぜだろう。

5分	9	問いを個人で考える。	・資料を読み取ることや既習事項を想起させることなどを促し，観点をつくらせるようにする。
5分	10	まず，小グループで予想や考えを共有する。次に，小グループで話し合ったことを，学級全体で共有する。	・4人ずつの小グループで話し合わせるようにする。 ・課題3について各グループから発表させる。
5分	11	本時の学習を振り返る。	・自身の学習を振り返り，まとめさせる。

❷第一段階：MQの設定と探究ルートづくり

　前掲の単元の目標を達成するために，アフリカ州の「自然・歴史」「経済」「生活・社会」といういくつかの内容の中で，「豊かさ」と「貧しさ」の両面を検討しているのですが，本時はその中で「生活・社会」が取り扱われています。そのため，本時の目標は，「アフリカの『生活・社会』を対象として，『豊かさ』と『貧しさ』の両方の側面がみられる原因や背景を，資料に基づきながら，子どもたちが具体的に説明することができる」となっています。これを問いの形にしたのが，「豊か」・「貧しい」の両面を関連づけて説明することを促す，課題3にみられる「『豊か』・『貧しい』が同時にみられるのはなぜか」です。

　次に，このMQにたどり着くため，SQを組織し，探究ルートをつくります。まず，SQ1において「資料は何を表しているものか」と問い，資料が何を表しているのかということを確定します。次に，SQ2において「資料は『豊か』・『貧しい』のどちらに分類できるのか。そのように判断したのはなぜか」ということを問います。このように，本時の探究ルートは，段階になっています。

❸第二段階：パフォーマンス課題の設定

　第一段階でつくった探究ルートに，パフォーマンス課題を埋め込んでいきます。指導案にも記載しましたが，第3次は，首都（高層ビル群）の景観，携帯電話の普及，スポーツの振興，民主化（ネルソン・マンデラ），水汲み（長時間かかる），HIV，幼児死亡率の高さ，スラムなどを資料とします。

　SQ1「資料は何を表しているものか」では，資料を貼り付け，そこに資料の名称と簡単な説明を付け加える，簡易なスクラップづくりといったパフォーマンス課題が考えられます。その際，他者に説明することを念頭において考えます。

　SQ2「資料は『豊か』・『貧しい』のどちらに分類できるのか。そのように判断したのはなぜか」では，はさみで切り取り，貼り付ける操作をとおして，「豊か」と「貧しい」の相対表を作成しながら分類するといったパフォーマンス課題が考えられます。その際，子どもが自身の価値判断の基準を説明しながら，分類することを促しておきます。

　MQ「『豊か』・『貧しい』が同時にみられるのはなぜか」では，問いに対する答えとしてコラムを作成するといったパフォーマンス課題が考えられます。その際，SQ2でつくった相対表をみながら，「豊か」・「貧しい」の枠を超えて共通に括れるものを探すことや因果関係を探すことといった観点を与えるようにします。それらの観点から相対表をみてみれば，例えば，「グローバリゼーション」や「技術革新」といったものが浮かび上がってくることが考えられます。

　上記は，SQ1・SQ2・MQにおいて，個人で取り組むことを想定したパフォーマンス課題です。本単元は，個人での取り組みの後，小グループや学級全体での交流へと進んでいきますが，このような交流もパフォーマンス課題です。このような課題を組み込むことによって，子どもたちが他者とどのようにコミュニケーションをとりながら，課題を解決しているかということがみえやすくなります。また，他の子どもが考えた意見から，自分だけではわからなかったことを補完したり，共通点を見いだすことによって，自己肯定感が高められるということも期待できます。

❹第三段階：ルーブリックの作成

　第二段階で表出させた子どもの学びに対する解釈をより合理的なものとするため，評価規準とその達成度を明確にする指標を作成します。この指標こそが，いわゆるルーブリックと言われるものです。

　まず，授業目標を評価規準に読み替えます。本時の目標であった「アフリカの『生活・社

会』を対象として、「豊かさ」と「貧しさ」の両方の側面がみられることを資料に基づきながら子どもたちが具体的に説明すること」ができているかどうかということが、そのまま評価規準となります。

　次に、評価規準に合わせて、ルーブリックをつくります。ルーブリックは、パフォーマンス課題ごとにつくっておくことにします。

　SQ1のスクラップづくりでは、「資料は何を表しているものか」と問うており、評価規準として「資料は何を表しているものかを説明できる」と読み替えることができます。ここでは、事実の確定であるため、文章の質的な深化はあまり望めません。そこで、①資料（写真や図表など）の貼り付け　②資料に小見出しを付ける　③資料の説明をする、という3つの事項をふまえて、他者にわかりやすく伝えることができるスクラップを作成しているかというところを指標としました。

表3　ルーブリック①（SQ1）

尺度	尺度ごとのパフォーマンスの特徴
A	①資料（写真や図表など）の貼り付け　②資料に小見出しを付ける　③資料の説明をする、という3つの事項をふまえて、他者にわかりやすく伝えることができるスクラップを作成している。
B	①資料（写真や図表など）の貼り付け　②資料に小見出しを付ける　③資料の説明をする、という3つの事項のうち、2つの事項をふまえて、スクラップを作成している。
C	①資料（写真や図表など）の貼り付け　②資料に小見出しを付ける　③資料の説明をする、という3つの事項のうち、1つの事項をふまえて、スクラップを作成している。

　SQ2の相対表づくりでは、「資料は『豊か』・『貧しい』のどちらに分類できるのか。そのように判断したのはなぜか」と問うており、評価基準として「明確な判断基準をもって資料を『豊か』・『貧しい』に分類することができる」と読み替えることができます。したがって、資料を「豊か」と「貧しい」に分類できているか否か、そして、分類の判断基準の質が指標となります。判断基準の質は、具体的に説明できているか、抽象的・印象的な説明にとどまっているかというところで切り分けます。例えば、「首都（高層ビル群）の景観」を「豊か」と判断した場合、「高層ビルが多く立っていて、経済が発展している様子が読み取れる」と説明できたならば、具体的な説明とみなすことができ、「なんとなく」や「豊かっぽい」と説明したならば、抽象的・印象的な説明とみなすことができるでしょう。

表4　ルーブリック②（SQ2）

尺度	尺度ごとのパフォーマンスの特徴
A	・資料を「豊か」と「貧しい」に分類することができている。 ・分類の判断基準を具体的に説明することができている。
B	・資料を「豊か」と「貧しい」に分類することができている。 ・分類の判断基準を抽象的，印象的にでも説明することができている。
C	・資料を「豊か」と「貧しい」に分類することができている。 ・分類の判断基準を説明しようとしない。

　MQのコラムづくりでは，「『豊か』・『貧しい』が同時にみられるのはなぜか」と問うており，評価規準として「『豊か』・『貧しい』が同時にみられる原因，背景を説明することができる」と読み替えることができます。さらに具体的に言えば，「豊か」・「貧しい」の枠を超えて，「グローバリゼーション」や「技術革新」といった共通に括れる概念を探すことや，「首都（高層ビル群）の景観とスラムからわかるように，同じ都市でも格差が生じている」のように，因果関係を探すことができるかということを指標としました。

表5　ルーブリック③（MQ）

尺度	尺度ごとのパフォーマンスの特徴
A	・「豊か」・「貧しい」が同時にみられる原因や背景を，複数の具体的な事例とそこから導き出した共通項を挙げながら説明することができる。 ・「豊か」・「貧しい」の両面があることを理解し，そこに疑問をもつことができる。
B	・「豊か」・「貧しい」が同時にみられる原因や背景を，複数の具体的な事例から共通項を導き出すことができる。もしくは，「豊か」・「貧しい」が同時にみられる原因や背景を，複数の具体的な事例を挙げながら説明することができる。 ・「豊か」・「貧しい」の両面があることを理解し，そこに疑問をもつことができる。
C	・「豊か」・「貧しい」が同時にみられる原因や背景を，一つの具体的な事例を挙げながら説明することができる。 ・「豊か」・「貧しい」の両面があることを漠然とでも理解できる。

　MQのコラムづくりでは，「『豊か』・『貧しい』が同時にみられるのはなぜか」と問うてお

り，評価規準として「『豊か』・『貧しい』が同時にみられる原因，背景を説明することができる」と読み替えることができます。したがって，「豊か」・「貧しい」が同時にみられる原因，背景における説明の質が指標となります。ここで想定している原因や背景は，例えば，「グローバリゼーション」や「技術革新」といったものの影響です。

また，説明の前提として，事象に疑問をもち（ここでは，「豊か」・「貧しい」の両面がみられること），問いを立てることができるかということも重要な指標です。

表6　ルーブリック④（コミュニケーション）

尺度	尺度ごとのパフォーマンスの特徴
A	・他者の意見から，自分だけではわからなかったことを補完することができる。 ・自分と他者の意見の共通点と相違点を見いだすことができる。 ・他者の言っていることに耳を傾けることができる。 ・自分の意見を他者に伝えることができる。
B	・自分と他者の意見の共通点と相違点に気づくことができる。 ・他者の言っていることに耳を傾けることができる。 ・自分の意見を他者に伝えることができる。
C	・他者の言っていることに耳を傾けることができる。 ・自分の意見を他者に伝えることができる。
D	・C水準のうち，1つ，もしくは，2つともできていない。

以上のように，SQ1，SQ2，MQとコミュニケーションに関わるルーブリックを作成してみました。これを時系列に SQ1→SQ2→MQと並べ，また，そこにコミュニケーションを関連づけることによって，子どもの思考の過程が明らかになります。

❺第四段階：学習指導の代案

第三段階でつくったルーブリックをもとに子どもの学習の評価を行い，その結果をもとにして，「教材研究」「学習課題」「教材活用」「学習活動」「まとめ方」などの観点から，授業の設計や進め方に関して振り返り，子どもへの指導や授業改善策を検討します。その際，特に，学習成果がいわゆるC水準やB水準の子どもの学習過程に着目します。

ここでは，コラムづくり（MQ「『豊か』・『貧しい』が同時にみられるのはなぜか」）の場面

を事例に考えてみましょう。例えば，この場面において，コラムの内容が漠然としている子どもが多かったとします。今回は，「学習活動」の改善の一例を示します。

　原案では，SQ2でつくった相対表（「豊か」・「貧しい」で事象を分類した表）をみながらMQを導き出し，コラムづくりを通してMQに答えていくために思考するというようになっていました。それに対して，改善案は，活動を細分化することで，子どもが問いを明確化，意識化し，段階を追って資料を整理し，それをふまえた解釈ができるようになることを意図しています。

　改善案は，それぞれの事象の小見出しを考え，「豊か」・「貧しい」の枠を超えて，小見出しの特性が同じ，または似ているものを探し，それらで簡単なストーリーをつくる，というものです。例えば，高層ビル群とスラムの写真それぞれに「高層ビル群の景観」「スラムの景観」といった小見出しを考えるよう促し，それらは同じ「景観」を表しているものだということに気づかせます。そして，「高層ビル群とスラムの景観からわかるように，同じ都市でも格差が生じている」といったストーリーをつくれるように支援します。

　ほかにも，「技術」という共通の特性で「携帯電話が普及している一方，水汲みには未だに長時間かかっている」や「身体」という共通の特性で「スポーツにおいて圧倒的に身体能力の高い選手を擁して世界を席巻している一方，HIV感染者が多く，幼児死亡率が高い」といったものが考えられます。

　以上のように，今回は「学習活動」のみを取り扱いましたが，他の「教材研究」「学習課題」「教材活用」「まとめ方」といった観点から授業を振り返ることによって，より子どもの実態に即した授業の実施が可能となるでしょう。また，これらでも解決が見込めない場合は，目標そのものを見直し，修正に進みましょう。

4 | 学習や評価の組織に向けて

　本章では，アクティブ・ラーニングにおける評価を検討してきました。アクティブ・ラーニングと言うからには，評価活動も子どもたちが主体的に参画していけるものとしなければならないでしょう[2]。そのためには，子どもたちとルーブリックを共有し，子どもたちが自己評価をしたり，他者と相互評価をするということが必要です。その際，子どもの学習の到達度と目標にどのくらい差異が生じているのか，どのようにその差異を克服していけばよいのか，ということを教師がフィードバックしてあげる支援が重要となります。

第3章　アクティブ・ラーニングを位置づけた中学校社会科の授業の評価　133

自分の学習を評価することはとても難しいことですが，他者との相互評価や教師との対話をとおして，学習をメタ的に評価することを可能にするメタ認知能力が育成されます。メタ認知能力が育成されることによって，子どもたちの自己調整的な学習が促進され，子どもたちをより主体的な学習者へと変えていくことが期待されます。

　以上のような考え方に立って，学習や評価が組織されることが今後必要となってくるのではないでしょうか。そして，アクティブ・ラーニングにおける評価も，ただの付属品ではなく，重要な位置を占めていることが見えてくるのではないでしょうか。

【注および参考文献】
１）このストラテジーは，草原和博氏が2015年に編集した資料『社会科授業力改善ハンドブック』の中で筆者が担当した「Ⅵ章　授業後の「評価」から考える授業改善」に加筆・修正したものです。
　　また，パフォーマンス評価に関しては，以下の文献を参考にしました。
・Ｇ．ウィギンズ著・Ｊ．マクタイ著，西岡加名恵訳『理解をもたらすカリキュラム設計―「逆向き設計」の理論と方法―』日本標準，2012
・三藤あさみ・西岡加名恵『パフォーマンス評価にどう取り組むか―中学校社会科のカリキュラムと授業づくり―』日本標準，2010
・松下佳代『パフォーマンス評価―子どもの思考と表現を評価する―』日本標準，2007
・豊嶌啓司「社会科の市民的資質評価―パフォーマンス評価論に依拠した中学校社会科のペーパーテスト開発―」『福岡教育大学紀要』第64号，第２分冊，2015　pp.67-80
２）「４　学習や評価の組織に向けて」は，二宮衆一氏の「学習のための評価」に関する論考を参考にしました。
・二宮衆一「イギリスのARGによる「学習のための評価」論の考察」『日本教育方法学会紀要』38，2013　pp.97-107

（岡田　了祐）

【執筆者一覧】 （掲載順）

小原　友行（広島大学大学院教育学研究科）

佐々木拓也（徳島県立海部高等学校）

大坂　　遊（広島大学大学院教育学研究科博士課程後期）

實藤　　大（広島大学附属福山中・高等学校）

大庭玄一郎（福岡県福津市立福間東中学校）

重　　秀雄（広島県広島市立東原中学校）

若杉　厚至（広島県三原市立第一中学校）

迫　　有香（広島県廿日市市立七尾中学校）

見島　泰司（広島大学附属福山中・高等学校）

竹内　和也（広島大学大学院教育学研究科博士課程前期）

野平　剛史（近畿大学附属広島高等学校・中学校東広島校）

斉藤　弘樹（広島県安芸郡熊野町立熊野中学校）

宮本　英征（広島大学附属中・高等学校）

加藤　弘輝（広島女学院中学高等学校）

瀬戸　康輝（広島県広島市立祇園東中学校）

山本　侑子（広島県尾道市立高西中学校）

茂松　郁弥（広島大学大学院教育学研究科博士課程前期）

粟谷　好子（広島大学附属中・高等学校）

辻本　成貴（和歌山県立新翔高等学校）

小川　征児（広島県立可部高等学校）

弘胤　　佑（広島大学附属東雲中学校）

岩下　真也（鹿児島県薩摩川内市立川内南中学校）

木坂　祥希（広島県立安芸府中高等学校）

日高　正樹（安田学園安田女子中学高等学校）

柳　　雄輔（広島県立安西高等学校）

蓮尾　陽平（広島大学附属福山中・高等学校）

下前　弘司（広島大学附属福山中・高等学校）

阿部　哲久（広島大学附属中・高等学校）

橋詰　　智（広島県安芸高田市立吉田中学校）

柳生　大輔（広島大学附属三原中学校）

迫　　眞也（広島大学附属東雲中学校）

岡田　了祐（聖徳大学）

【編著者紹介】

小原　友行（こばら　ともゆき）

1951年広島県生まれ。

広島大学教育学部高等学校教員養成課程社会科卒業。

広島大学大学院教育学研究科教科教育学専攻博士課程前期・後期修了。

高知大学教育学部助手，同助教授，広島大学学校教育学部助教授，同教授などを経て，現在は同大学院教育学研究科教授。

博士（教育学）。

【主な著書】

『小学校社会科授業の基本用語辞典』（1999），『論争問題を取り上げた国際理解学習の開発』（2006），『「思考力・判断力・表現力」をつける社会科授業デザイン』小学校編・中学校編（2009），『「思考力・判断力・表現力」をつける中学地理授業モデル』『「思考力・判断力・表現力」をつける中学歴史授業モデル』『「思考力・判断力・表現力」をつける中学公民授業モデル』（2011）（以上，明治図書）

【主な活動】

全国社会科教育学会会長，日本NIE学会会長，広島大学グローバル・パートナーシップ・スクール・プロジェクト研究センター代表などを歴任（現在は顧問）。

アクティブ・ラーニングを位置づけた
中学校社会科の授業プラン

2016年7月初版第1刷刊　Ⓒ編著者　小　原　友　行

発行者　藤　原　光　政

発行所　明治図書出版株式会社

http://www.meijitosho.co.jp

（企画）及川　誠（校正）西浦実夏

〒114-0023　東京都北区滝野川7-46-1

振替00160-5-151318　電話03(5907)6704

ご注文窓口　電話03(5907)6668

＊検印省略　　　　　組版所　長野印刷商工株式会社

本書の無断コピーは，著作権・出版権にふれます。ご注意ください。

Printed in Japan　　　ISBN978-4-18-254826-0

もれなくクーポンがもらえる！読者アンケートはこちらから →